中国（深圳）综合开发研究院
"一带一路"合作高质量发展系列研究

深圳市综研软科学发展基金会资助出版

"一带一路"合作项目落地与战略对接

中国（深圳）综合开发研究院◎著

BRI COOPERATION PROJECTS

MATERIALIZATION AND STRATEGIC SYNERGIES

中国经济出版社
CHINA ECONOMIC PUBLISHING HOUSE
北京

图书在版编目（CIP）数据

“一带一路”合作项目落地与战略对接 / 中国（深圳）综合开发研究院 著. —北京：中国经济出版社，2020.1（2024.1 重印）
ISBN 978-7-5136-5576-7
Ⅰ.①一… Ⅱ.①中… Ⅲ.①“一带一路”—工程项目管理—研究 Ⅳ.①F125
中国版本图书馆 CIP 数据核字（2019）第 040912 号

责任编辑　赵静宜
责任印制　巢新强
封面设计　久品轩

出版发行　中国经济出版社
印 刷 者　三河市同力彩印有限公司
经 销 者　各地新华书店
开　　本　710mm×1000mm　1/16
印　　张　13.75
字　　数　204 千字
版　　次　2020 年 1 月第 1 版
印　　次　2024 年 1 月第 2 次
定　　价　58.00 元
广告经营许可证　京西工商广字第 8179 号

中国经济出版社 网址 www.economyph.com 社址 北京市东城区安定门外大街 58 号 邮编 100011
本版图书如存在印装质量问题，请与本社销售中心联系调换（联系电话：010-57512564）

编 委 会

前言

近年来，“一带一路”倡议从愿景到行动取得了令人瞩目的成就。中国大力推进与“一带一路”沿线国家多层面的沟通与合作，包括与欧盟“容克投资计划”对接、建立“中欧互联互通平台”，与中亚国家共建中哈原油管道、共推“光明之路”、与蒙古国对接“草原之路”，与南亚国家架起“中巴经济走廊”，援助非洲基础设施建设、升级“工业园区”为“铁路+港口+产业园区”配套模式，逐渐与发达、新兴市场和欠发达国家或地区等处于不同发展阶段的沿线国家建立了相应的战略对接模式。经验的积累不仅有利于在全球推广中国经济发展的理念与模式，加深国际社会对“一带一路”倡议的普遍共识，提升其对“一带一路”倡议的积极评价，还有利于丰富新一轮经济全球化进程中的“中国方案”，实现“一带一路”倡议的深入推进。

总体来看，“一带一路”倡议规划的项目有的已落地，有的还没有，很多项目在落地的过程中遭遇了很大的挑战和困难。应该说，“一带一路”倡议作为中国提出的更长时间、更大范围、更多主体、更优模式的发展思路，在新时代所面临的国际舆情中，对包括沿线国家或地区的经济发展水平、参与经济全球化程度仍不均衡、项目如何落地等议题的关注度较高、评价较为集中。

因此，推动“一带一路”项目落地与战略对接，在面对东道国投资环境更为复杂、国内宏观决策体系的构建仍不完善、企业微观管理运营模式有待加强等外部与内部的严峻形势下，建立基础设施、能源开发和产业园区等主要项目的风险把控体系，以及帮助沿线国家搭建经济可持续发展的完备体系，是新时代中国构建开放型经济体系的重要内容。大力推动“一带一路”项目落地与战略对接，可以发挥新兴经济体在全球经济治理中的作用，为经济全球化贡献更多力量，还有助于培育新一轮经济全球化的增长引擎，促进沿线地区经济全球化均衡发展，推动世界经济持续健康发展。

目录

前言 / 001

绪　论　推进“一带一路”项目落地的意义和路径 / 001

一、“一带一路”倡议是新时代构建开放型经济体系的重要内容 / 001

二、三大类项目 / 006

三、两个路径 / 014

上篇　项目落地 / 023

第一章　“一带一路”项目落地的风险及成因 / 025

一、东道国投资环境层面 / 025

二、国内宏观决策和政策层面 / 036

三、企业管理运营层面 / 045

第二章　“一带一路”基础设施项目落地的问题及对策 / 058

一、“一带一路”基础设施项目的现状 / 058

二、基础设施项目存在的主要问题 / 062
三、基础设施项目落地的对策与建议 / 065

第三章 "一带一路" 能源项目落地的问题及对策 / 069
一、"一带一路"能源合作项目的概况 / 069
二、能源项目存在的主要问题 / 074
三、能源项目落地的对策与建议 / 077

第四章 "一带一路" 产业园区项目落地的问题及对策 / 082
一、产业园区项目的现状 / 082
二、产业园区项目存在的主要问题 / 087
三、产业园区项目落地的对策与建议 / 090

中篇 战略对接 / 093

第五章 "一带一路" 倡议对接：西欧和北欧 / 095
一、欧盟："容克投资计划"，三大领域精准对接 / 096
二、北欧五国：产业互补，共推"新琥珀之路" / 097
三、英国："黄金时代"的高度互补 / 098
四、法国：态度逐渐明朗，迎来合作的新起点和新契机 / 100
五、德国：全方位战略合作，全面加深双边合作深度与广度 / 102
六、总结与建议：继续深入双边合作，加快项目落地 / 104

第六章 "一带一路" 倡议对接：南欧与中东欧 / 107
一、"一带一路"倡议对接：南欧国家 / 107
二、中东欧 16 国家：全面对接"一带一路" / 116
三、总结与建议：改善中欧贸易与投资的双边互动质量 / 121

第七章 “一带一路”倡议对接：新兴市场国家 / 126

一、东欧国家：以大型工程项目为先导，尽快实现标准对接 / 128

二、中亚国家：能源与基建先行，注入发展新活力 / 129

三、中东国家：“一带一路”为中东国家带来发展机遇 / 132

四、南亚国家：促进共同发展与繁荣 / 137

五、总结与建议：增强双边对接的同时仍需注意风险把控 / 142

第八章 “一带一路”倡议对接：欠发达国家 / 144

一、非洲国家：不断升级的“产业园”模式助力东道国发展 / 144

二、岛国发展：多方面融入“一带一路”，全面带动岛国发展 / 150

三、总结与建议：需要双边共同的努力与智慧 / 155

下篇 资金融通 / 161

第九章 “一带一路”项目落地与资金融通 / 163

一、“一带一路”资金融通遭遇“美元陷阱” / 163

二、以人民币国际化破解“一带一路”美元陷阱 / 167

三、推进人民币成为“一带一路”重要国际化货币 / 177

第十章 “一带一路”项目落地与对外援助 / 183

一、对外援助项目的现状及存在的突出问题 / 183

二、借鉴国际经验，走中国“互惠式工业化”外援模式之路 / 187

三、促进对外援助项目落地的对策 / 197

部分参考文献 / 208

后记 / 213

绪 论

推进“一带一路” 项目落地的意义和路径

一、“一带一路”倡议是新时代构建开放型经济体系的重要内容

“一带一路”倡议作为中国提出的更长时间、更大范围、更多主体参与、更优模式的发展思路，其在新时代所面临的经济环境更为复杂，经济属性更为突出。例如，“一带一路”倡议的核心内涵是中国经济发展理念与模式，国际社会对倡议的共识在较大程度上是基于对中国经济发展成就的认可，经济利益是中国与沿线国家开展共建的最重要前提条件之一，国际舆情对经济议题的关注度最高、正面评价较为集中，而目前沿线国家经济发展水平、参与经济全球化程度仍不均衡，其经济发展重点不同，国际及区域合作诉求也不尽相同。因此，基于“一带一路”倡议提出的时代背景与初衷，结合其实施多年来的进展与形势，与时俱进地认识“一带一路”这一宏伟构想的深远经济意义，不仅有利于在全球推广中国经济发展理念与模式，加深国际社会对倡议的普遍共识，提升其对倡议的积极评价，还有利于丰富区域经济合作和推进新一轮经济全球化进程的“中国方案”，实现“一带一路”倡议的深入推进。

对中国来讲，“一带一路”倡议是新时代中国构建开放型经济体系的重要内容，有利于中国合理利用超额储蓄，拓展培育新兴市场，实现持续发展；有利于加速人民币国际化进程，提升货币主权地位，实现支配发展；有利于中国探索国际经贸规则，提升制度性话语权，实现引领发展；有利于顺应中国“走出去”的趋势，海陆并举、东西互济，实现并重发展；有利于中国各大区域全面参与，统筹国际国内大局，实现联动发展。

“一带一路”倡议是党的十九大报告提出的“推动形成全面开放新格局”及“发展更高层次的开放型经济”的重中之重。“一带一路”倡议符合我国构建全面开放新格局、建设开放型经济体系的发展要求，有助于我国探索更高层次开放新内容，实现由以“引进来”为主，向“走出去”与“引进来”并重转变，由规则的“追随者”到“参与者”再到“引领者”转变，形成“海陆并举”“东西互济”“区域联动发展”的新格局，推动我国对外开放总体格局由“外向型”向“全面开放型”发展。

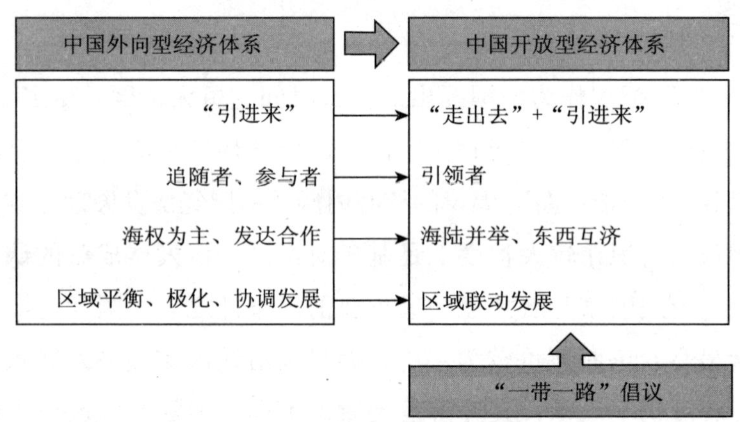

图 1　新时代中国开放型经济体系发展要求及特点

（一）有利于中国合理利用超额储蓄，实现持续发展

长期以来，我国国民储蓄额持续高速增加，储蓄率（国民总储蓄占 GDP 比重）一直居世界前列。2015 年，我国国民总储蓄逾 33 万亿元（支出法

GDP），储蓄率为 47. 9%，远高于全球 26. 5%、发达经济体 22. 5%、G7 国家 20. 8%的水平。

“一带一路”建设对降低中国高储蓄额及储蓄率具有积极作用。一方面，“一带一路”建设可以直接拓宽外汇储备使用渠道，探索多元化外汇运用举措，如成立丝路基金（首期资本金中外汇储备占比 65%），扩大从“一带一路”沿线国家进口的规模，从而提高外汇储备使用效益，化解过高的外汇储备状况。另一方面，“一带一路”建设可以增加国内企业与政府的海外投资渠道，将我国的储蓄盈余转变为对外直接投资，通过基础设施建设、产能合作等方式，投资沿线国家实体经济领域，破解国内投资领域有限且盲目、产能过剩、贸易顺差过高引发新一轮高储蓄的循环，并且长期、有效地对外直接投资还有利于培育“一带一路”新兴市场，海外消费市场的扩大同样有利于降低超额储蓄。

（二）有利于加速人民币国际化进程，实现支配发展

经过近十年来的快速发展，人民币国际化进程取得了显著成就，特别是 2015 年 IMF 正式将人民币纳入 SDR，标志着人民币成为国际主要储备货币之一。相较于美元、欧元、日元、英镑等国际主流货币，人民币的国际化水平仍然较低。2014—2015 年，人民币国际化指数略低于英镑与日元，远低于美元与欧元的国际化指数；2015 年底，人民币在国际债券、票据市场余额的占比仅是日元的 30. 9%、美元的 1. 35%；2016 年，人民币在全球外汇储备规模的占比仅为美元的 1. 67%，储备规模甚至低于澳元、加元。

“一带一路”倡议的实施与人民币国际化进程是相互促进、互相协同的。①在“一带一路”建设中实现人民币作为流通与支付手段的功能。“一带一路”建设涉及基础设施建设、能源资源开发、制造业合作等众多领域，高度汇集了众多融资、投资、贸易等国际经济金融合作项目，在贸易与投资结算、跨境融资等领域，将催生出更广泛的人民币跨境使用需求，这种内在需求必将有助于扩大人民币流通规模，加速人民币国际化进程。②在“一带一路”建设中实现人民币作为价值尺度的功能。目前，我国正积极推动“一带一路”

沿线国家的大宗商品、能源贸易的人民币计价结算，包括原油、铁矿石、棕榈油等，这有利于增强我国在国际贸易中的结算与定价权。③在"一带一路"建设中实现人民币作为储备货币的功能。我国正通过"一带一路"平台，采取政府援助、政策性贷款、混合贷款和基础设施债券发行等方式来解决沿线国家基础建设的资金瓶颈问题，这使人民币使用得以推广，并使人民币在"一带一路"相关国家间形成了低风险、低成本的闭环流转。作为国际货币基金组织"特别提款权"（SDR）货币篮子中的第三大货币，未来，越来越多的沿线国家将选择人民币作为储备货币，从而推动形成与我国经济发展规模相匹配的货币地位，最终提升我国在全球治理中的话语权。

图2　通过"一带一路"推进人民币国际化进程的主要目的

（三）有利于中国探索国际经贸规则，实现引领发展

改革开放40多年来，中国在全球开放型经济体系中扮演了不同角色。第一阶段为"追随者"，自1978年起，对外开放成为中国的一项基本国策。第二阶段为"参与者"，2001年世界贸易组织（WTO）通过中国加入世界贸易组织的申请，中国开始全面对接与融入国际多边贸易规则与体系，实现了对全球开放型经济体系的"并跑"。

当前，我国正逐步走向第三阶段的"引领者"。随着中国成为全球第二大经济体、世界第一大贸易国、世界第一大吸引外资国、世界第二大对外投资国，中国在全球经济治理体系中的制度性话语权显著提升，国际社会希望中国在国际事务中发挥更大作用，在应对全球性挑战中承担更多责任。该阶段将通过探索全面开放、发挥规则的引领作用，实现中国对全球开放型经济体系的“领跑”。

“一带一路”沿线国家是中国开展经贸谈判的重点区域，也是我国构建“中国版”经贸规则的优先选择。自“一带一路”倡议提出以来，“包容性”即成为其最突出的基因。“一带一路”倡议注重与现有双边和地区合作机制相辅相成，而不是要挑战或替代现有双边和地区合作机制和倡议。沿线各国资源禀赋各异，经济互补性较强，彼此合作的潜力和空间需要依靠强化包容性来释放。因此，“一带一路”倡议是中国在开放型经济体系“领跑”阶段，发挥规则“引领者”作用的重要平台，将在世界经济疲弱、发展失衡、治理困境、公平赤字等问题更加突出，反全球化思潮涌动的背景下，持续推动经济全球化朝着更加开放、包容、普惠、平衡、共赢的方向发展；同时有利于中国代表“一带一路”沿线国家的发展中国家掌握全球经济治理的制度性权利。参与、主导与引领规则制定，不仅是经济全球化的要求，更是体现发展中国家权利的必要举措。

（四）有利于顺应中国“走出去”的趋势，实现并重发展

改革开放初期，中国制定了引进和利用外资的政策，向外商、外资陆续开放沿海、沿边、沿江地区及城市，弥补了发展所需的资金、技术、管理缺口，极大促进了我国外向型经济的发展。进入 21 世纪，中国经济发展水平大幅提高，为了更好地利用国际国内两个市场、两种资源，中国开启“走出去”战略，在更广阔的空间进行经济结构调整和资源优化配置。

“一带一路”倡议有助于推动中国新时代开放型经济体系形成“走出去”与“引进来”并重发展的新格局。一方面，“一带一路”倡议的提出及实施让众多国家加深了对中国投资机遇与前景的认知，尤其是与中国优势互补的国家可以将生产要素和市场与中国进行深度对接。另一方面，“一带一路”倡议涉及的地域广阔、国家众多，涉及人口约 44 亿，占全球的 63%，经济总量约为 22 亿美元，占全球的 30%，“一带一路”沿线以新型经济体和发展中国

家为主体①，大多数国家对中国产品、技术、经验存在巨大需求。2014—2016年，我国对"一带一路"沿线国家进出口额达 3.1 万亿美元，占同期外贸总额的 1/4 以上，对沿线国家直接投资近 500 亿美元，占同期对外直接投资总额的 1/10 左右。

"一带一路"倡议有助于推动中国新时代开放型经济体系形成"海陆并举""东西互济"并重发展新格局。改革开放以来，我国主要是通过海上航运通道，与西方发达国家及周边合作伙伴开展贸易往来，基本形成了"海运为主""发达合作"的开放格局。"一带一路"倡议既包括"21 世纪海上丝绸之路"，也包括"新丝绸之路经济带"，既兼顾陆海，又呼应东西。特别是丝绸之路经济带通过构建亚欧大陆桥实现由中国经中亚、俄罗斯、西亚、南亚等到地中海、波罗的海、印度洋的陆海联通，打通历史上中断的丝绸之路，让欧亚大陆回归人类文明中心地带。

二、三大类项目

"一带一路"倡议涉及的区域贯穿亚欧非大陆，连接世界各国，东起活跃的东亚经济圈，西至发达的欧洲经济圈，经济发展潜力巨大的发展中国家处于中间广大腹地，沿线分布着世界上最主要的能源生产国、消费国和通道国，"一带一路"涉及的区域是世界经济和能源的心脏地带。

"一带一路"沿线各国资源禀赋各异，经济互补性较强，彼此合作潜力和空间很大。"一带一路"合作重点在政策沟通、设施联通、贸易畅通、资金融通、民心相通五个方面。

共建"一带一路"致力于亚欧非大陆及附近海洋的互联互通，建立和加强沿线各国互联互通的伙伴关系，构建全方位、多层次、复合型的互联互通网络，实现沿线各国多元、自主、平衡、可持续的发展，共同打造开放、包容、均衡、普惠的区域经济合作架构。"一带一路"合作是在既有双、多边和

① 人口及 GDP 规模、占比以沿线 60 余个重点国家为样本计算。

区域次区域合作机制框架下，各国之间高度灵活，富有弹性，多元开放的合作，推进“一带一路”建设既是中国扩大和深化对外开放的需要，也是加强和亚欧非及世界各国互利合作的需要。2013 年以来，在“一带一路”倡议的带动下，我国与沿线国家的投资和贸易额度呈上涨趋势，主要集中在基础设施、能源和园区项目三个方面。

（一）基础设施项目

“一带一路”合作发展的基础是设施联通，而其中的核心是“路”，由“路”的联通支撑起物流、人流、资金流和信息流的联通，从而带动各个国家和地区人民沿“路”而行的交流与亲近。

“一带一路”沿线的中部国家铁路、公路、航空和海运等交通运输业基础设施较为完善，西欧、南欧、中东、东南亚和东亚等沿海地区交通运输业设施指数明显优于内陆地区，跨洲货物运输以海运为主，人员交流以航空运输为主。其中，西欧、南欧、东亚、南亚地区的铁路、公路交通网已具规模，东亚—东南亚—南亚—西亚—中东—南欧一线的海运交通网极为发达，西欧、南欧、东亚、东南亚地区的民用航空基础密度明显高于其他地区。限于修建成本、环境影响和技术储备等问题，“一带一路”沿线国家中只有中国、德国、意大利、荷兰 4 国建成时速 200 公里以上的高速铁路，俄罗斯、奥地利、印度等国的高速铁路仍在前期规划或设计建设之中。

我国与“一带一路”沿线各国快速推进设施联通，快速推进基础设施建设合作，构建互联互通网络。第一，我国与“一带一路”沿线国家签署了 130 多个双边和区域运输协定，涉及铁路、公路、海运、航空和邮政等各个领域。通过 73 个水路和公路口岸，与相关国家开通了 356 条国际道路客货运输线路；海上运输服务已覆盖“一带一路”沿线所有国家；与 43 个沿线国家实现空中直航，每周航班约 4200 个。第二，“要想富，先修路”的中国口号成为沿线国家的共识，不少国家争当地区物流中心。例如，阿塞拜疆修建东—西、北—南交通走廊，极力打造巴库新港，拟成为高加索物流中心；哈萨克斯坦更是当仁不让，要成为东西方物流枢纽。第三，一大批重大项目启动。

例如，吉布提—亚的斯亚贝巴铁路竣工通车；瓜德尔港投入使用；乌兹别克斯坦"卡姆奇克"隧道通车；匈牙利—塞尔维亚铁路、中泰高铁等项目即将开工；莫斯科—喀山高铁进入勘探设计阶段。第四，物流软环境建设方面取得很大成就。例如，哈萨克斯坦与阿塞拜疆、格鲁吉亚等牵头成立了跨里海国际运输线路协调委员会，积极协调中国—中亚—高加索物流运输。哈萨克斯坦提出，为加快融入国际交通体系，将推行"5C"（服务、速度、价格、稳定性和完整性）准则为过境运输保驾护航。

部分"一带一路"沿线国家基础设施落后，极大地限制了其经济发展，而中国在基础设施建设领域的经验和技术均居世界前列。这促使中国与"一带一路"沿线国家在公路、铁路、港口等基础设施建设领域开展大量合作，有效提升了沿线国家的基础设施建设水平。公路方面，中缅公路建设正在推进，喀喇昆仑公路升级改造二期工程已初具规模，黑河大桥已经开工建设。铁路方面，亚吉铁路对东北非运输起到重要作用，匈塞铁路、雅万高铁陆续开工，中老、中泰等泛亚铁路网开始启动，中老铁路是第一个以中方为主投资建设、共同运营并与中国铁路网直接连通的境外铁路项目，全线采用中国技术标准、使用中国设备。莫斯科至喀山的高速铁路已经开始勘测，巴西到秘鲁的两洋铁路也开始勘测。港口方面，从巴基斯坦瓜德尔港到斯里兰卡汉班托塔港、希腊比雷埃夫斯港，都留下了中国建造的印记。瓜德尔港口 2016 年 11 月正式通航，可泊 5 万吨油轮。由中国路桥公司承建的蒙巴萨港第 19 号泊位正式启用，这是中国公司在肯尼亚承建的第一个港口项目，提升了蒙巴萨的货物吞吐能力。吉布提港口 2017 年完成首期工程，瓜德尔港土地已经移交。其他港口的工程也正在推进。

中巴经济走廊已实质性启动一批重大项目，中蒙俄三方已就建设经济走廊达成共识，规划纲要已经落地，新亚欧大陆桥经济走廊、孟中印缅经济走廊、中国—中南半岛经济走廊的建设也在稳步推进。

（二）能源项目

能源合作是"一带一路"倡议的重要基础和支撑。"一带一路"连接着欧亚两大能源消费市场和中东、中亚、俄罗斯等主要能源输出国。“一带一路”覆盖两大优质化石能源富集区：俄罗斯—中亚地区和海湾地区，以及能源技术先进、绿色能源使用广泛的西欧地区。共建“一带一路”，有利于促进欧亚大陆能源市场的稳定，有利于助推沿线国家实现能源绿色转型。以“一带一路”倡议为契机加强国际能源合作，将促使中亚经济圈、东北亚经济圈、东南亚经济圈、欧洲经济圈、美洲经济圈形成有效连接，打造合作共赢的区域能源共同体。“一带一路”倡议为国际能源合作搭建了更为有效的对话平台，创造了更加良好的国际合作环境，有助于开启更加包容的全球能源治理新模式。

从传统角度来看，国际能源合作主要包括能源贸易合作、能源开采与勘探合作、能源技术与生产合作、能源金融合作和国际多边协调五方面内容，目的是通过相互协调以保障各自的能源与发展利益。改革开放以来，我国参与国际能源合作的深度和广度不断提升，取得大量成绩。当前我国正经历从双边到多边合作的转型期，在国际能源治理中发挥的作用越来越大。“一带一路”倡议的提出，为我国的对外能源合作提供了一个新平台，其本身也有很多优势。一方面，“一带一路”倡议明确将能源合作列为重要内容，在愿景中提出要加强能源基础设施互联互通，共同维护输油、输气管道等运输通道安全，推进跨境电力与输电通道建设，积极开展区域电网升级改造合作，加大煤炭、油气、金属矿产等传统能源资源勘探开发合作，积极推动水电、核电、风电、太阳能等清洁、可再生能源合作，推进能源资源就地就近加工转化合作，形成能源资源合作上下游一体化产业链。加强能源资源深加工技术、装备与工程服务合作。推动新兴产业合作，按照优势互补、互利共赢的原则，促进沿线国家加强在新一代信息技术、生物、新能源、新材料等新兴产业领域的深入合作，推动建立创业投资合作机制。另一方面，“一带一路”倡议连接东亚和欧洲两大能源消费区，中间是中亚和西亚北非等能源富集区，密切联系了能源消费国与生产国。中国石油经济技术研究院数据显示，“一带一路”沿线国家和地区石油剩余探明储量为1338亿吨，占世界总储量的57%；天然气剩余探明储量为155万亿立方米，占世界总储量的78%。可以说，尽管存在这样那样的矛盾，但优化能源配置、增进能源合作仍是沿线各方共同的意愿。过去三年多来，"一带一路"框架下的能源合作也已取得大量成绩，沿线已开工的能源项目超过40项，签订的能源重大合作超过20项。

从能源合作区域来看，一是中亚五国能源资源丰富但开发较弱，合作基础好且前景广阔。中亚五国不仅油气资源丰富，还有更为丰富的风能、太阳能、生物质能和水能等可再生能源资源。中亚地处北半球风带，是世界上最适合开发风能的地区之一；中亚地区沙漠广阔，适合建大型太阳能电站；中亚的人均水能资源位居世界第一。然而，可再生能源储量虽然丰富，但开发利用率极低，中亚地区可再生能源发电占比不足1%。中亚国家经济发展水平较低，其能源输出作为国家的支柱产业也一直受制于其滞后的基础设施体系。在电力基础设施方面，中亚沿线国家普遍电力设施老旧，电力技术落后，电工装备制造能力不强，对于电力投资和建设有着迫切的合作意愿。我国与中亚各国在能源领域的合作由来已久，打造了良好的能源合作基础和互信基础。"一带一路"倡议是中国和中亚国家深化能源领域合作、实现互利共赢的新的战略契机。通过加入"一带一路"倡议，中亚国家的油气资源能拓展更大的市场，如东北亚、南亚以及太平洋沿岸国家的市场。尤其对于能源和资源丰富的哈萨克斯坦和土库曼斯坦来说，能源出口多元化是其国家长期战略。

二是中东油气资源极其丰富，合作潜力巨大。中东地区具有丰富的石油资源，可以说是全球的"油库"。中东地区石油探明储量1087亿吨，占全球探明总量的47.3%。2015年中东国家石油产量1412百万吨，占世界总量的32%，石油出口879.6百万吨，占其产量的62%。而中国是中东国家最大的原油出口地，约占其出口总量的20%。中东地区同样有着丰富的天然气资源，天然气探明储量80万亿立方米，占世界总探明储量的42.8%。2015年，中东国家天然气总产量6179亿立方米，占世界总产量的17.4%。中东地区是"一带一路"油气合作的热点，潜力巨大，是"一带一路"建设的重中之重。当前正是中国与中东地区合作的机遇期，一方面，中东国家要求发展经济和改善人民生活的愿望强烈，为与中国合作和对接"一带一路"倡议提供了机遇；

另一方面，当前国际石油市场进入低油价周期，从卖方市场转入买方市场，中东主要石油输出国对中国市场的依赖在加大，合作空间因而扩大。

三是南亚与东南亚能源资源匮乏，目前仍需克服合作瓶颈，但其与中国具有很强的能源合作互补性。南亚与东南亚国家化石资源较为匮乏。南亚与东南亚国家的石油和天然气探明可采储量分别仅占世界探明可采储量的 1.2% 和 4.4%。由于近几年经济的高速发展，南亚、东南亚国家对油气需求越来越大，对外依存度不断上升。新加坡是典型的零能源存储和生产国家，能源几乎全部依赖进口，印度尼西亚、越南、柬埔寨、老挝、菲律宾、缅甸和泰国也面临越来越严峻的能源危机。粗略计算，2015 年南亚、东南亚地区石油消费 527.9 百万吨，占世界总消费的 12%，石油进口 493.1 百万吨。在天然气方面，印尼、马来西亚和越南是东南亚较为主要的天然气出口国，也是“一带一路”沿线国家主要的天然气出口国。在电力方面，电力短缺是南亚与东南亚国家面临的一个巨大的能源问题。电力短缺限制了各国的工业发展，并恶化了投资环境，严重制约了地区的经济发展。中国与南亚、东南亚国家具有很强的能源合作互补性。与南亚、东南亚国家相比，中国在能源开发、能源装备制造等领域有着明显优势，特别是在煤炭开采、水力发电、燃煤发电、可再生能源等领域具有较强的实力和技术。近些年，中国与南亚、东南亚国家在油气、电力、可再生能源方面的合作不断深化，能源领域合作逐渐成为双方合作的亮点。在油气方面，作为“一带一路”倡议在缅甸实施的先导项目，中缅原油管道工程的正式投运使中国开辟了印度洋能源通道，实现了油气进口多元化，对中国西南地区的经济发展起到了促进作用。

然而，“一带一路”倡议下的能源合作也面临大量挑战。一是大国将“一带一路”能源合作同地缘政治、大国博弈相挂钩，部分国家将阻滞“一带一路”建设视作阻滞中国扩大影响的工具，而能源项目比较“接地气”，也容易受干扰；二是沿线传统和非传统安全风险均较集中，在东南亚、中亚、南亚、西亚、北非等地区均存在明显的政治安全和军事安全风险，一些国家在融资、建设及长期经营管理等方面的风险也相对集中；三是国际能源结构转型加速，而“一带一路”沿线以传统能源为主，尽管愿景中明确提到要侧重新能源发展，但未来如何更好对接仍是挑战；四是我国在能源技术、金融、贸易等方面的能力仍有待提升，特别是如何实现"一带一路"倡议下不同领域的良好配合，仍是我们的一个重大课题。因此，未来我国应重点在"一带一路"沿线增信释疑，推进大国协作，增进中小国家相互理解，这也就是召开"一带一路"国际合作高峰论坛的重要任务。我们应分阶段、分领域推进能源合作。在现阶段，"一带一路"能源合作的重点应聚焦基础设施建设和能源技术合作，特别是新能源、新产业技术合作，只有基础设施完善了，各国共识提高了，才能真正推进沿线能源优化配置，才可能推进沿线能源多边合作，并对全球能源治理产生影响。

（三）园区项目

在有条件的国家和地区建设一批海外园区，因地制宜地发展园区经济，推动沿线国家发展，带动我国高端装备、先进技术标准和优势产能向境外转移，是"一带一路"建设的重点内容。"一带一路"沿线国家大多是新兴经济体和发展中国家，多处于工业化进程初期，其中多数国家的最大贸易伙伴、最大出口市场和主要投资来源地均为中国。海外园区已经成为我国与沿线国家合作的主要内容。

国际产业合作园区是全球经济一体化的重要产物，也是国家间主动对接发展战略的结果，是加强国际交流与合作的重要平台。我国在"一带一路"沿线国家建立的海外园区主要集中在制造业、能矿资源和农产品加工等领域。据商务部数据，截至 2017 年 3 月，我国在 20 个"一带一路"沿线国家已经有 56 个已建或在建的合作园区，占所有海外合作区总数的 72. 72%，累计投资 185. 5 亿美元，入区企业 1082 家，总产值 506. 9 亿美元，上缴东道国税费 10. 7 亿美元，为当地创造就业岗位超过 16 万个，其中 20 家合作园区通过了商务部考核。一是从海外园区层面来看，根据《"一带一路"倡议下中国海外园区建设与发展报告（2018）》显示，领先园区多建于产业基础好、社会稳定的国家，如越南龙江工业园、泰中罗勇工业园、埃及苏伊士运河经贸合作区、华夏幸福印尼产业新城、中国印尼聚龙农业产业合作区等海外园区分别位列“一带一路”沿线国家海外园区的前五名，而落后园区则建于产业基础较差、多种风险较大的国家，如中塔工业园、中老磨憨—磨丁经济合作区、格鲁吉亚华凌自由工业园、中哈边境合作中心、中缅边境经济合作区等位列后五名。二是从中国海外投资的国家层面来看，中国投资的海外园区和企业多指向邻国，由此带来的邻国效应显著，如“一带一路”沿线各国中，接受中国海外投资企业数排名前十名的分别为俄罗斯、越南、印度尼西亚、老挝、泰国、柬埔寨、马来西亚、印度、哈萨克斯坦、缅甸等国家。三是从海外投资省、市、自治区层面来看，国内沿海城市对外投资活跃，延边省、自治区对外投资也具有一定区位优势，北京、山东、浙江、广东、江苏、新疆、黑龙江、云南、广西壮族自治区等省、市、自治区独立经营的海外园区数目位于国内前列，江苏、浙江、北京、山东、广东、上海、黑龙江等省、市、自治区海外投资的企业数目位于国内前列。

海外园区项目建设如火如荼，为当地创造了大量就业岗位，促进了当地工业化程度，推进了当地现代城市化进程，促进了当地经济现代化和社会高水平的发展，其中一些特别成功的项目在海外创造了极佳的口碑和正面影响力。①由中白两国国家元首倡建的中白工业园，是两国合作共建“丝绸之路经济带”的标志性工程，位于丝路经济带向欧洲延伸的重要节点。该工业园是白俄罗斯招商引资的最大项目，也是中白间最大的经济技术合作项目，投资约 56 亿美元，占地面积 91. 5 平方公里，重点发展电子信息、生物医药、精细化工、高端制造等产业。②由上海海成集团与塔吉克斯坦工业和新技术部合作的建设项目——“中塔工业园”。园区以塔中矿业的矿山为依托，向矿山上下游延伸产业链。作为中塔工业园的首个入园项目，塔中矿业冶炼厂已于 2017 年 11 月正式启动，它使塔方精炼铅、锌、铜的水平提高了 20 倍，填补了塔方有色金属冶炼领域的多项空白。作为一个综合型产业园区，将形成 600 万吨的年采选处理能力，年产铜、铅、锌等金属 35 万吨，形成矿山资源开发、矿山服务配套、上下游企业及其他相关企业集群，园区将吸纳塔国近万人的就业，有效推动塔吉克斯坦的工业现代化，促进中塔两国的经贸合作，加速推动“一带一路”倡议在中亚地区的落地。③由华立集团 2005 年在泰国成立的泰中罗勇工业园。在园区内建设海外工业唐人街，形成中国企业在泰国的投资氛围和集聚效应，加强横向合作，控制风险，争取更多的投资优惠。进入园区的企业可以共享资金、信息与人才等资源，降低了中小企业"走出去"投资初期的风险。截至 2017 年底，已有超百家中资企业入园，总投资 150 亿元，涉及汽摩整车及零配件、机械电子、通信和光伏等行业，雇佣当地员工超过 2 万人。2015 年泰中罗勇工业园启动了第三期建设，预计 2020 年前完成，建成后的园区可接纳中国企业 300 家。④中欧商贸物流合作园区，总投资 2 亿欧元，规划园区面积 97. 6 万平方米，2017 年全面建成。合作区的建设带动商贸城入住率达到 85%以上，物流强度达到 200 万吨/年 · 平方公里，拉动国内企业产品出口 20 亿美元/年。该园区为中东欧地区采购商和中国供应商搭建了一个全方位的全新平台，将"中国制造"直接销售到欧洲市场，实现企业在欧洲本土建立自己的销售基地，面对面接触欧洲买家，在欧洲拥有一个实实在在的市场份额。

然而，在我国企业实现"集体出海、抱团取暖"的成绩的背后，也面临着诸多困境与挑战：缺乏具有战略性、系统性的规划，存在"急躁"心态。另外，我国企业"走出去"的时间并不长，人才储备不足，加之语言和文化上的差异，融入本地能力较差。在海外的华商城，存在大量利用当地国家法律税务漏洞的经营，或者在不清楚当地经济法律的情况下触犯税法而遭受当地警察检查，导致经营障碍乃至经营倒闭的结果。

三、两个路径

（一）国家战略对接

"一带一路"倡议提出五年多来，在政策引领下，"一带一路"建设已经与多个沿线国家发展战略以及地区发展战略实现对接，确立了顶层设计蓝图。

从国家战略对接方向来看。与欧盟"容克投资计划"实现对接、与英国"北部振兴"计划、德国"工业 4. 0"协调对接。在东欧与中亚，推动了"一带一路”建设同捷克、波兰、乌兹别克斯坦等国发展战略对接。同时与中东欧国家开启亚得里亚海、波罗的海、黑海沿岸“三港合作”，加快推进中欧陆海联运快线建设。在亚洲，“一带一路”倡议下的中巴经济走廊与巴基斯坦进行全方位战略对接。与哈萨克斯坦“光明之路”新经济政策深度对接合作。与印尼“全球海上支点”战略对接，共推各领域合作。“一带一路”倡议同柬埔寨“四角”战略、“2015—2025 工业发展计划”实现有效对接。“一带一路”倡议与越南的“两廊一圈”发展战略，从战略规划、合作机制、金融、产业等方面实现对接。处在亚欧大陆桥上的土耳其积极推动丝绸之路沿线的“中间走廊计划”与中国的“一带一路”倡议对接，双方在基础设施建设等领域的合作潜力巨大。同时，与沙特“2030 年愿景”、伊朗的四大走廊及跨境走廊、韩国“欧亚合作倡议”、老挝“变陆锁国为陆联国”的战略对接都在稳步推进。在与俄罗斯、蒙古国的战略对接中，“一带一路”倡议与俄罗斯跨欧亚大通道建设、俄罗斯主导的欧亚经济联盟、蒙古国“草原之路”战略实现对接互补，打造中蒙俄经济走廊。在非洲，“一带一路”建设与埃及的“振兴计划”战略对接。“一带一路”倡议同非盟《2063 年议程》高度契合。在大洋洲，中国的“一带一路”倡议与澳大利亚的“北部大开发”倡议和国家基础设施发展计划有许多共同点，两国寻求发展战略的对接以进一步提升合作的领域和层次。马来西亚、新加坡等多国均设立“一带一路”专门机构，以管理协调“一带一路”相关事宜。在 2016 年 G20 杭州峰会期间，多国政要纷纷表示了与“一带一路”对接合作的强烈愿望。而在 2017 年 5 月召开的“一带一路”国际合作高峰论坛期间，中国与近 20 个国家和 20 多个国际组织商签合作文件。目前来看，俄罗斯、哈萨克斯坦、巴基斯坦等国政策沟通效果突出。

从重点战略对接的内容来看。一是欧盟的“容克投资计划”。2015 年 9 月中欧在第五次中欧经贸高层对话上签署《关于建立中欧互联互通平台的谅解备忘录》，标志着“一带一路”倡议和“容克投资计划”对接方面的积极进展。“容克投资计划”，即欧盟委员会在欧债危机背景下于 2014 年 11 月提出的旨在重振欧盟经济的大规模投资计划，其实施途径是通过新设立总额 210

亿欧元的欧洲战略投资基金，2015—2017 年来自私营部门的投资约 3150 亿欧元。“容克投资计划”资金主要投向能源、电信、数字、交通以及教育创新等领域。“容克投资计划”优先支持项目与“一带一路”的互联互通倡议相契合，中欧双方可在基础设施、能源、数字三大领域精准对接，其中“容克投资计划”和“一带一路”在电力能源领域的对接将为双方的电网建设企业和输电设备制造企业带来新的市场机遇。

二是中巴经济走廊。中巴经济走廊是中国与巴基斯坦全天候战略合作伙伴关系下两国共同的经济战略。中巴双方于 2013 年 2 月发表联合声明打造中巴经济走廊，中巴经济走廊建设旨在进一步加强中巴互联互通，促进两国共同发展；中巴经济走廊贯通后，能把南亚、中亚、北非、海湾国家等通过经济、能源领域的合作紧密联合在一起，形成经济共振，同时强化巴基斯坦作为桥梁和纽带连接欧亚及非洲大陆的战略地位。

三是哈萨克斯坦“光明之路”计划。2016 年 9 月中哈签署《“丝绸之路经济带”建设与“光明之路”新经济政策对接合作规划》，重点对接西欧—中国西部交通走廊、天然气管道以及跨境铁路等项目的建设，明确了中哈双方在推进“丝绸之路经济带”建设与“光明之路”新经济政策对接合作中，要稳步推动产能和投资合作、深化能源资源合作等内容，致力于在哈萨克斯坦国内推进基础设施建设，保障经济持续发展和社会稳定。项目主要涉及交通、工业、能源、社会和文化等领域。中哈双方加强沟通，提升中国同欧亚经济联盟成员国的贸易、投资、服务便利化水平，共同推进“一带一路”建设同欧亚经济联盟建设对接合作。

四是蒙古国“草原之路”。2014 年中蒙签署《中蒙关于建立和发展全面战略伙伴关系的联合宣言》，宣言中能源领域的合作内容为：双方将在中蒙矿能和互联互通合作委员会以及双边其他机制框架内，加快推动中蒙煤炭、石油、电力、化工等基础设施和矿能资源大项目产业投资合作。双方将结合本国能源发展战略和各自实际需求，进一步加强电力、可再生能源领域合作，积极研究在蒙合作建设煤矿坑口电厂，以及向中国出口电力并签署相关协议等事宜。“一带一路”倡议和“草原之路”战略是中蒙两国在面临同样的国际背景时做出的积极决策。中蒙双方均有加强区域性经贸合作和基础设施建设合作的诉求；“一带一路”倡议助推“草原之路”战略的实现，后者将成为前者的有力对接伙伴。

（二）资金融通与对外援助

资金融通和对外援助是我国推进“一带一路”建设的重要支柱。资金融通，为推动中国与沿线国家的各类项目建设与落地提供了便利化投资条件，使投资引擎产生强大动力。自2013年“一带一路”倡议提出以来，我国金融机构迅速发展，为“一带一路”提供金融支持与保障。我国先后倡导和组织成立了丝路基金（400亿美元）、亚洲基础设施投资银行、中非发展基金（总额50亿美元）、金砖国家新开发银行、上合组织开发银行等一系列金融机构，为中国企业“走出去”提供了金融支持，并引导“一带一路”沿线国家的项目投资。从相关金融机构的创设情况来看，资金规模、参与国范围不断扩大，国际协同日渐加强。

对外援助是“一带一路”建设中不可或缺的重要手段。根据目前已有的实践经验，我国的对外援助是指为帮助发展中国家提高自主发展能力，促进施受双方的共同发展和互利共赢，推动南南合作，我国向发展中国家或多边机构以无偿援助、无息贷款和优惠贷款等方式提供资金、设施、物资和人员支持。这种援助方式是介于对外援助和企业对外投资之间的一种合作方式，既不像无偿援助具有显著赠予和帮助成分，又不像企业对外投资完全基于商业规则、极少或不包含赠予成分。援助可根据自身特点在重点领域单独发力或协同推进，引导商业投资，撬动市场资金，实现政府、企业、市场间的良性互动和协同配合。这些援助方式都可以被总结成为“互惠式工业化”，即以“一带一路”为纽带，在我国进一步推进工业化、建设制造业强国的同时，帮助发展中国家实现工业化，形成自身经济发展的能力，走出长期以来“输出原材料、进口制成品，严重依赖发达国家”的“边缘地位”。这种互惠工业化进程，也可以将我国经济与受援国经济结为一体，形成有机统一的大市场，对推进“一带一路”形成强有力的支撑。

1. 资金融通为"一带一路"建设和项目落实发挥了不可或缺的推进作用

推动构建长期、稳定、可持续、风险可控的多元化融资体系，提供足够的资金保障，促进各国资金融通，是"一带一路"项目建设和落地的关键点之一。资金融通不仅有利于相关国家基础设施的互联互通，还在实现投资贸易便利化、消除投资和贸易壁垒，积极与"一带一路"相关国家和地区共同商建自贸区等方面发挥着重要的支撑作用。5 年多来，中国与"一带一路"建设参与国和各类组织共同努力，在资金融通方面开展了多种形式的合作。中国金融机构不断加大对"一带一路"建设的支持力度，截至 2017 年末，已有 10 家中资银行在 26 个"一带一路"沿线国家设立了 68 家一级分支机构，中资银行共参与了 2600 多个"一带一路"建设相关项目，累计发放贷款超过 2000 亿美元，共有来自 21 个"一带一路"沿线国家的 55 家银行在华设立机构。

第一，在"一带一路"建设过程中，政策性、开发性金融机构贷款期限长，在支持境内外基础设施、基础产业和支柱产业的建设上发挥着独特作用。5 年多来，中国积极推动各类主体在境内外募资设立了一批对外投融资机构、基金，为推进"一带一路"建设、促进国际产能合作、深化与相关国家和地区互利合作发挥了积极作用。例如，成立于 2014 年底的丝路基金，在服务"一带一路"建设中也成果颇丰。2018 年 6 月，丝路基金与哈萨克斯坦阿斯塔纳国际金融中心签署战略合作伙伴备忘录，并通过中哈产能合作基金购买阿斯塔纳国际交易所部分股权。同年 7 月 16 日，丝路基金与欧洲投资基金签署谅解备忘录，宣布中欧共同投资基金投入实质性运作。该基金主要投向对中欧合作具有促进作用、商业前景较好的中小企业。截至 2018 年底，丝路基金已签约 20 多个项目，承诺投资金额超过 80 亿美元。

第二，商业银行利用其筹集资金渠道的多元性，在吸收存款、发行理财、发行债券等方面具有优势。5 年多来，各家商业银行积极拓展"一带一路"市场，加大优质信贷项目储备力度，主动对接"一带一路"重大工程项目建设，并在资源配置、授信审批、信贷规模等方面给予支持。此外，在加大信贷投放的同时，各大商业银行积极创新产品和业务模式，探寻“一带一路”资金融通的可行途径。中国各家商业银行积极拓展“一带一路”市场，加大优质信贷项目储备力度，主动对接“一带一路”重大工程项目建设，并在资源配置、授信审批、信贷规模等方面给予支持。以中国银行为例，截至2018年6月底，中国银行共跟进“一带一路”重大项目逾600个，在“一带一路”相关国家共实现授信投放约1159亿美元。

第三，基于“一带一路”相关国家和地区的自身实体经济发展特点与水平，各国共建开放型投融资体系，各国政府共同参与，深化金融创新，构建与经济全球化和开放型经济体制相适应的金融体系。支持金融资源服务，重点加大对基础设施互联互通、贸易投资、产能合作等领域的融资支持力度。利用政府间合作基金、对外援助资金等现有公共资金渠道，协调配合其他资金渠道，共同支持“一带一路”建设；鼓励政策性金融机构、出口信用机构继续为“一带一路”建设提供政策性金融支持，呼吁开发性金融机构考虑为“一带一路”相关国家提供更多融资支持和技术援助；各国鼓励多边开发银行和各国开发性金融机构在其职责范围内通过贷款、股权投资、担保和联合融资等各种方式，积极参与“一带一路”建设，特别是跨境基础设施建设；各国期待商业银行、股权投资基金、保险、租赁和担保公司等各类商业性金融机构为“一带一路”建设提供资金及其他金融服务；各国鼓励基于“一带一路”建设需求和相关国家需求的金融创新。

第四，银行等金融机构之间的中外合作也对“一带一路”相关项目的推进起到了巨大作用。截至2018年，已有11家中资银行在国外设立了71家一级分支机构，与非洲开发银行、泛美开发银行、欧洲复兴开发银行等开展联合融资合作。外资银行通过与中国金融机构合作参与“一带一路”建设的积极性不断增强。2018年4月花旗集团与中国银行、招商银行分别签署了合作谅解备忘录，3家银行将围绕“一带一路”倡议，分别在各自领域探索潜在的合作渠道，包括公司融资、金融产品、贸易、代理、信托、资本市场等。南非国有运输集团与中国工商银行的合作是资金融通助推“一带一路”基建项目落地的一个成功案例。该集团是南非最大的运输公司，多年来，由于缺乏资金，更新铁路线路、车辆以及新技术培训等工作进展缓慢。由于当地商业银行难以满足南非国有运输集团的资金需求，中国工商银行及时与南非标准银行合作，为其提供当地货币资金，帮助其铁路升级提速，助力南非完善基础设施建设。银行等金融机构通过向企业提供资金、配套投资服务等发挥了杠杆作用，使企业释放出更大的潜力，为当地经济的发展注入了活力，对提振当地经济、促进就业起到了重要作用。

2. 对外援助是"一带一路"建设不可或缺的重要手段

自发达国家的官方援助体系建立以来，援助对于发展中国家经济增长的作用一直是广泛争论的焦点。虽然发达国家曾经为发展中国家提供了重要的资金援助，但基于发达国家特定的发展历程、价值观理念与战略取向，其对外援助始终没能摆脱通过改造发展中国家政治、社会、经济体系，从而帮助发展中国家实现经济发展的干预性逻辑，具有明显的"自利性"。特别是 20 世纪 70 年代以来，受拉美债务危机与新自由主义的影响，发达国家对外援助重点逐步转向社会领域，该做法并不符合现阶段发展中国家亟须推进工业化进程的迫切需求，反而造成发展中国家基础设施的破败、工业化进程的停滞，甚至使部分发展中国家对西方援助产生制度性依赖，丧失了自主性工业发展能力。发达国家对外援助的经验与教训是改善我国对外援助的重要借鉴。

第一，中国在对外援助体系中的角色转换。以"一带一路"倡议的提出为标志，我国正从一个更多关注国内发展的发展中国家向内外兼顾的新兴强国转变。反映到对外援助上，我国也正从一个受援国和援助国的双重角色向援助国的单一角色转变。作为世界最大的发展中国家，我国援外的主要目的是促进与受援国或地区之间的互利合作、共同发展，提升其自主发展能力，因此对外援助规模应在现有基础上适度扩大，但不应过快增长，仍需与国内经济发展水平相适应。

第二，援助国和受援国更加青睐没有任何附加条件且平等互惠的开发合作。20 世纪 70 年代以来，随着大部分发展中国家的经济增长，全球财富状况正在经历一个根本的结构性变化，需要援助或认为应该被援助的国家数量都在锐减，发达国家官方援助（ODA）对于某些国家的重要性也在下降。2007

年的国际金融危机以来，发展援助委员会（DAC）成员国普遍出现经济增长减速，援助额占其国民生产总值（GNI）的比例基本维持在0.2%~0.3%的低位区间，远低于联合国1970年制定的0.7%的目标，且社会和经济基础设施类开发合作项目的占比不断增加，援助性质的债务减免占比不断下降，表明纯援助性质的国家间合作已悄然弱化，而以互利共赢为原则、有利于增强受援国造血功能的开发合作更受到施受双方青睐。

第三，“互惠式工业化”外援模式是发挥我国对外援助战略相关效应的重要支撑。在借鉴发达国家对外援助的经验与教训的基础上，我国应充分发挥对外援助的独特优势，把我国的工业化发展经验与受援国的工业化现状结合起来，切实帮助受援国提高自主性工业发展能力，实现共赢发展，使对外援助真正成为我国构建“命运共同体”的重要战略工具。新时代下，我国“不干预对外援助”的战略重点，应是“互惠式工业化”援助道路，即以“一带一路”为纽带，在我国进一步推进工业化、建设制造业强国的同时，帮助发展中国家实现工业化，形成自身经济发展的能力，走出长期以来“输出原材料、进口制成品，严重依赖发达国家”的“边缘地位”。这种互惠工业化进程，也可以将我国经济与受援国经济结为一体，形成有机统一的大市场，对我国的外交战略形成强有力的支撑。总之，我国对外援助要彰显新特征，将“互惠式工业化”作为一个重要的外援模式和主题来落实。

然而，在有效推进我国“互惠式工业化”外援模式的过程中，仍面临诸多亟须解决的问题。①部分基建援助项目面临“重建设”“轻运营”的现状。建议加强金融支持与服务，完善各类金融机构向对外援助项目倾斜支持的体系与机制；同时加强海外基建项目建设与运营一体化模式的探索。②援助项目仍存在“重基础设施”“轻园区建设”的问题。建议构建境外园区多方命运共同体，实现园区多方的共享、共荣、共赢，打造全方位、多元化的可持续发展体系。③援助项目缺少与生产能力转移相配套的系统性安排。建议完善信息共享沟通机制与系统性监管，为企业提供信息来源，并降低企业负担与风险；同时，应继续加大境外投资项目的专业人才体系建设，重视人才激励保障机制建设，为境外投资项目提供“智力支持”。④援助项目较少雇佣当地工人、缺少培训与职业教育。建议通过“师徒制”等有效的培训手段，为当地劳动力提供就业渠道和职业发展路径，或组织东道国员工到周边国家参加以中国项目为主导的实习生培训。⑤援外项目的内部协调问题依然是影响项目落地及援外效益的重要因素。建议加强顶层设计，制定援外基本法，细化对外援助评价体系建设，并加快建立大援助体系，促进“互惠式工业化”模式的落地。

上篇

项目落地

第一章

“一带一路” 项目落地的风险及成因

“一带一路”建设在过去几年取得了令人瞩目的成就，落地的项目也为沿线国家的经济和社会发展作出了贡献，受到了沿线国家政府和人民的肯定。但是，很多项目在落地的过程中遭遇了很大的挑战和困难，有的通过我们的努力最终解决了，有的项目就惨败收场，造成极大损失。本章从东道国投资环境、中国国内宏观决策及政策和国内企业微观管理三个方面，对“一带一路”倡议的相关项目落地存在的问题进行分析。

一、东道国投资环境层面

（一）政局频繁动荡和地缘政治冲突激烈

“一带一路”倡议涉及欧亚非大陆的广大区域，其中包括诸多国际热点区域，如中亚、中东、东南亚和非洲等。这些区域由于宗教、历史、域外干涉等原因衍生出来的政治风险一直影响着中国在这些地区的投资与合作。

按地区来看，中亚地区的“颜色革命”所造成的相关国家政权更迭、街头政治或者暴力冲突常见，严重破坏了这个地区国家的社会政治、经济秩序，使得东道国政府很多时候无心顾及与中国展开“一带一路”项目的谈判与实施。而且，由于中亚地区民族、宗教众多，各国之间的历史问题没有得到妥善解决，恐怖活动、投毒纵火和骚乱等频发，不断影响着"一带一路"项目的建设。另外，苏联解体后中亚地区出现权力真空，而这一地区资源和战略地位的重要性使包括俄罗斯、美国等在内的大国都在此展开博弈。中亚国家采取的"平衡外交"策略有可能让"一带一路"建设的重要性、实用性大大降低。

中东地区由于石油资源丰富和地理位置重要，也是大国角力的重要区域。加上这一地区民族众多、宗教林立、水资源匮乏等，这一地区暴力冲突、社会无序等不稳定因素非常突出。历史上，1991 年海湾战争之后的伊拉克战争、阿富汗战争和利比亚战争加剧了中东地区国与国之间、各国内部之间的分裂状态；阿拉伯国家同西方和以色列之间的既有矛盾由来已久，伊斯兰教内部的什叶派和逊尼派之间的争端也很难得到解决，而近几年扩大膨胀的 ISIS 将恐怖主义阴影在这一地区加重并扩散到欧洲地区。具体而言，叙利亚国内巴沙尔政权与反政府武装、ISIS 之间的斗争处于胶着状态；埃及大选没有根本上稳定政局，军队干涉政治情况依旧严重；伊拉克境内恐怖活动、各教派政治斗争屡见不鲜；伊朗核问题谈判迟迟没有突破性进展，持续威胁着这一地区的安全，并将美国、法国、英国等大国卷入这一地区的争斗之中；巴以冲突不断，双方针锋相对，领土争端悬而未决。这些问题导致中国在中东地区的投资面临的政治风险是最大的。

东南亚地区国家众多，区内的马六甲海峡是重要的"战略咽喉"，地缘优势明显。历史上这一地区受西方殖民影响很深，因此政治上也很难摆脱依赖，这一地区的竞争也越来越激烈。因此，东南亚国家一方面经济上依靠中国，但在国家安全上依靠美国。受西方"中国威胁论"的影响，产生了对中国的不信任，在中国提出"一带一路"倡议时，其既想搭上共同建设的列车，又对中国缺乏政治与安全信任，经常在一些项目上临时变卦。而且，中国在东南亚还面临南海问题，包括越南、菲律宾在内的很多国家在其非法侵占的岛礁上修筑大量军事设施，加剧了其与中国之间的政治冲突。

非洲地区的政治风险主要来自三个方面，即自身频繁的政局更换，美国、欧洲、日本等国家和地区的渗透和ISIS等极端主义抬头。首先，埃及、苏丹、利比亚等为代表的非洲国家近几年国内政治混乱，官僚腐败，各派系之间的斗争让各国陷入纷争不休的状况，“一带一路”的建设对这些国家而言吸引力有限；更重要的是，在建或者准备投入建设的项目，往往也会因为这些混乱迟迟没有进展或者长年处于停工状态。其次，美国、欧洲、日本等国家和地区的非政府组织在非洲经营多年，精于引导舆论，对中国企业在非建设一直持敌对或者竞争态度，这些组织如果动员居民或者企业，也会影响当地政府对中国投资的态度。最后，近几年在中东地区猖狂的ISIS在非洲地区也扩大了影响，增加了项目落地的难度。

因此，总体上来看，中国企业在“一带一路”沿线国家和地区的投资面临的政治风险是非常严峻的。以全球经济与和平研究中心发布的2016年“全球和平指数”（Global Peace Index，GPI）来看，“一带一路”沿线65个国家当中，有近65%（42个）的国家是处于“中等和平状态”及以下的，另有9个国家和平状态为“低”，6个国家和平状态为“非常低”（见表1-1）。和平状态不错的国家主要是“一带一路”沿线的东欧国家以及马来西亚、新加坡等。

表1-1 “一带一路”沿线国家GPI状况

和平状态	“一带一路”沿线国家数目
非常和平	1
和平	22
中等和平	27
低	9
非常低	6
合计	65

东道国政治动荡会导致很多风险，主要表现在两个方面。一是安全风险。一些国家和地区政局不稳，各种矛盾交织，恐怖袭击时有发生，地区局势紧张，企业面临较大的政治风险和安全风险。二是市场风险。我国企业无法深入了解中亚国家投资贸易政策法规，投资前难以对投资风险做出评估，导致

项目开工后无法正常推进，造成停工、工期延误，增加了成本。另外，由于企业不掌握当地政府吸引外资的真实意向，在洽谈中遇到地方保护、不合理要求等情况，项目难以取得实质性进展。还有的国家货币贬值较快，对企业收益带来不确定性。

境外投资需要一个稳定的政治环境，特别是主要以电力、铁路等为主的大型基础设施建设，其投资巨大、工期长、回收成本慢的特点决定了项目的成败与当地稳定的政策环境、政治环境密切相关。此外，由于我国承建大型基础设施建设工程的多为国有大中型装备企业，且港口、交通、能源等大型基础设施建设项目通常与所在国的国家安全密切相关，因此项目本身通常被视为具有强烈政治色彩，同样因为这个原因，政治上的变动也经常对项目的开展造成巨大的影响。

据《企业国际化蓝皮书：中国企业国际化报告（2014）》分析，2005—2014 年发生的 120 起中国企业“走出去”的失败案例中，有 25%是政治原因所致，其中 8%的投资项目在审批环节因东道国政治派系力量的阻挠而失败，17%是在运营过程中因东道国政治动荡、领导人更迭等原因而遭受损失。

因此，中国企业在“一带一路”沿线国家进行投资合作时，面临着较大的由政治动荡和地缘冲突带来的风险。这个因素不仅成为已经落地项目的隐患，也加重了有意向投资的中国企业的担忧，阻碍了“一带一路”倡议的顺利推进。

（二）贸易保护主义抬头，投资壁垒增加

近年来，伴随全球经济一体化进程的不断加快，全球资源竞争日益白热化，国际地缘政治和资本对各种资源的争夺与控制日益激烈和复杂，发达国家已经完成了在全球范围对战略资源的控制，正在布局全球新兴战略性资源，而新兴大国也在加紧进入全球资源领域，这增加了中国利用国外资源的风险和难度。加上全球经济增速放缓，特别是欧盟地区、日本、韩国经历的长期的经济低迷，很多国家或者地区的民众认为，全球化对本国经济是一种冲击

和伤害。

为了防止当地经济受到进出口以及外国企业投资的剧烈冲击，各国采取的贸易救济措施，如反倾销、保障措施、反补贴等，世贸组织是允许的。但是很多国家在经济不好的时候，为了保护国内经济，也会把这种救济措施作为贸易保护主义手段来使用。例如，2010 年欧盟宣布对中国出口紧固件 5 年内征 80%反倾销税、对中国输欧盘条反倾销案征收临时反倾销税，以及加拿大边境服务署宣布中国铝挤压材存在倾销及补贴，需要征税等。

从全球范围来看，贸易保护主义有所加强。英国智库经济政策研究中心最新发布的《全球贸易预警（GTA）报告》指出，在全球经济增长乏力的背景下，各国正加速实施“以邻为壑”的贸易保护措施。2015 年全球实施的贸易限制措施 736 个，较上年增加了 50%，是此期间实施的促进自由贸易措施数量的 3 倍。

而“一带一路”沿线国家也有贸易保护主义抬头的倾向，如 2016 年 7 月，土耳其经济部、印度商工部分别宣布对从中国进口的光伏产品、彩涂板发起反倾销调查，而 2016 年以来印度已经针对中国钢铁产品发起了 5 起贸易救济调查，已成为对中国钢铁产品发起贸易救济调查最多的世贸组织成员国。

另外，“一带一路”沿线国家里，阿塞拜疆、白俄罗斯、不丹、波黑、文莱、缅甸、伊朗、伊拉克、黎巴嫩、马其顿、塞维利亚、叙利亚、东帝汶、土库曼斯坦和乌兹别克斯坦等 15 个国家还没有加入世界贸易组织（WTO），占全部 65 个国家的 23. 1%。由于没有承担 WTO 关于自由贸易的义务，这些国家随时会实行贸易保护主义政策，这对在这些国家投资的我国相关企业来说，是一个潜在的风险。

更重要的一点是，一些发达国家将贸易保护主义泛政治化的行为会对“一带一路”沿线的有些国家产生示范性影响。例如，2016 年 5 月，福建宏芯（FGC）宣布以 6. 7 亿欧元收购德国芯片制造商爱思强（Aixtron），但德国经济部后来撤销了 9 月 8 日对福建宏芯的批准。德国《镜报》后来在报道中指出，德国经济部是在受到美国国外投资委员会（CFIUS）的建议，才重新考虑审查这次收购。而德国《商报》则更加直接地指出，包括美国总统在内的各方不断地对德国总理府施压，并警告“福建宏芯可能将爱思强的产品用于中国的核项目”，才导致德国经济部最终决定撤销批准。这种将商业收购泛政治化的行为极大地损害了多方利益。无独有偶，CFIUS 在 2015 年以相似的理由阻止了中国财团 Go Scale Capital① 收购荷兰皇家飞利浦公司旗下的照明公司 Lumileds。

出于意识形态、国家利益、安全等方面因素对中国企业投资进行限制的“一带一路”沿线国家案例有很多，大大增加了中国企业在外投资的壁垒。

“一带一路”作为一个由中国提出、旨在加强区域间合作并推动全球投资合作发展的战略，除前面提到的贸易保护外，还受到投资保护主义的阻碍。投资保护对中国企业在“一带一路”建设中产生的损害是巨大而深远的，可以归结为以下三个方面：

一是资金的浪费、成本的增加、利润的减少。跨国投资项目一旦搁置或中止，或要求追加投资，其中产生的人力成本、租金、税收、库存压力都是巨大的。特别是一些股权投资的项目，股东的利益受损，短期内项目就有可能夭折，这对所有项目相关方来说损失是极其重大的。

二是对中国企业声誉造成负面影响。实施投资保护措施的政府往往会将原因归结到中国企业和政府身上，并在对外宣传时强调这种外部因素。长此以往，中国企业的声誉会受到影响，在其他的投资项目、进出口业务也会受到阻碍。

三是对中国与东道国之间贸易、投资合作产生负面影响。投资保护几乎是双输的结局，而且会产生链式反应，对政治、外交等一系列领域产生负面影响。严重的保护措施甚至会引发“经济战争”，对双方合作产生长期的负面作用。

① 由金沙江创投与橡树投资伙伴组成的基金公司。

案例 部分非洲国家的贸易保护政策

许多非洲国家也设置了多种贸易壁垒以保护本国经济，主要包括：①关税高峰和关税升级。例如，阿尔及利亚对食品、饮料、烟草及其他消费品征收平均税率为30%的高关税，肯尼亚对58类敏感商品，如奶制品、谷物和糖类征收35%~100%的高关税，南非对糖类产品、羊肉、牛奶和玉米等征收较高的进口关税等。②通关环节壁垒。部分非洲国家政府办事效率低下，部门之间协调性差，通关环节复杂。据世界银行对51个国家通关时间的调查排名，阿尔及利亚海关平均通关时间长达23天，排名第一。尼日利亚通关环节壁垒也很突出，表现为清关手续冗长、停泊与装卸费用高昂等。③技术性贸易壁垒。例如，尼日利亚于2005年开始正式实施强制性合格评定程序，对电子电器、汽车轮胎、汽车玻璃、玩具等进口产品实行强制性安全认证等。④贸易救济措施，如对来自中国的产品发起反倾销调查等。

（三）东道国国内腐败，政府办事效率低

腐败也是影响我国企业在当地投资的一个重要因素。"一带一路"沿线国家的法律法规、政府职能的建设也处于发展阶段，其政府机构人员在行使权力过程中监督不力、处罚不严，不仅会影响项目的进程，严重时，甚至会造成项目失败。

以透明国际（Transparency International）发布的2015年全球清廉指数（Corruption Perceptions Index，CPI）来看，"一带一路"沿线65个国家里面，有近71%的国家（46个）得分低于50分，即处于"严重腐败问题"（Serious Corruption Problem）之下（见表1-2）。

表 1-2 "一带一路"沿线国家清廉指数排名（2015）

国家	得分	CPI 排名	国家	得分	CPI 排名	国家	得分	CPI 排名
新加坡	85	8	阿曼	45	60	哈萨克斯坦	28	123
卡塔尔	71	22	黑山	44	61	吉尔吉斯斯坦	28	123
爱沙尼亚	70	23	马其顿	42	66	黎巴嫩	28	123
阿联酋	70	23	土耳其	42	66	东帝汶	28	123
不丹	65	27	保加利亚	41	69	尼泊尔	27	130
波兰	62	30	塞维利亚	40	71	乌克兰	17	130
立陶宛	61	32	蒙古国	39	72	伊朗	27	130
以色列	61	32	泰国	38	76	塔吉克斯坦	26	136
塞浦路斯	61	32	波黑	38	76	肯尼亚	25	139
斯洛文尼亚	60	35	印度	38	76	孟加拉国	25	139
捷克	56	37	斯里兰卡	37	83	老挝	25	139
拉脱维亚	55	40	阿尔巴尼亚	36	88	缅甸	22	147
约旦	53	45	印尼	36	88	柬埔寨	21	150
格鲁吉亚	52	48	埃及	36	88	乌兹别克斯坦	19	153
沙特	52	48	亚美尼亚	35	95	也门	18	154
巴林	51	50	菲律宾	35	95	土库曼斯坦	18	154
斯洛伐克	51	50	摩尔多瓦	33	103	叙利亚	18	154
匈牙利	51	50	白俄罗斯	32	107	伊拉克	16	161
克罗地亚	51	50	越南	31	112	阿富汗	11	166
马来西亚	50	54	巴基斯坦	30	117	文莱	—	—
科威特	49	55	阿塞拜疆	29	119	马尔代夫	—	—
罗马尼亚	46	58	俄罗斯	29	119			

资料来源：透明国际《全球清廉指数 2015》，文莱、马尔代夫两国无数据，"—"表示数据缺失。

透明国际发布的 CPI 排名并不能完整地说明一个国家的腐败情况与本国经济社会发展的关联性强度，但英国机构的研究表明，CPI 与黑市活动、过度监管有极强的关联性。处于"严重腐败问题"的国家和地区，司法腐败严重，主要原因是司法系统工作环境恶劣，员工工资低并缺乏培训，司法程序不透明并缺乏监督，以及对清明法官的迫害等。另外，这些国家和地区海关管理尤其混乱，官商勾结严重，在办理项目审批手续的过程中，报关公司和海关官员勾结敲诈投资者，海关、税务等工作人员经常索要高额小费。而大多数外国公司为了获得商业合同不得不向有关人员行贿，甚至包括执法人员。

腐败还会影响办事的效率。在这些腐败问题严重的国家，政府机关人员及企业员工即使在收到贿赂的情况下，由于长期积累的恶习，往往还会采取拖延的行为，以图更大的贿赂或者仅仅是习惯所致。因此，腐败会严重损害在当地投资的中国企业。

（四）制度不稳定、法律体系不完善

法律能够对双方的行为起到重要的约束作用，在法律框架内处理争端是损失最小、效率最高的。"一带一路"沿线国家的法律体系与我国不同①，其大致可以分为大陆法系、英美法系和伊斯兰法系。由于法律体系不同，其在出现法律争端时国家之间的处理方式也不同，这将进一步影响项目的进程（见表 1-3）。

表 1-3　"一带一路"沿线国家法律体系

法律体系类型	国家
大陆法系	蒙古国、哈萨克斯坦等中亚国家，缅甸、泰国、老挝等东南亚国家，俄罗斯、伊拉克，以及中东欧国家
英美法系	印度、巴基斯坦、肯尼亚
伊斯兰法系	阿富汗、伊朗、沙特阿拉伯、约旦、叙利亚、土耳其等中东国家

资料来源：王义桅．"一带一路"：机遇与挑战［M］．北京：人民出版社，2015.

另外，有的国家法律体系也不完善，法律条款经常修改，在执法力度上

① 我国实行的是独特的社会主义法律体系，接近于大陆法系，但是在具体法律规定上仍与其他国家有较大区别。

往往会歧视外国或外资企业，甚至会基于本国政治、经济利益的考虑，有针对性地对某些跨国公司或者海外企业进行一定程度的法律管制。而且，由于制度不稳定，政府更换后对原有的法律制度会做比较大的修改，那些在原有法律制度框架下达成的项目协议就会面临成本增加、协议暂停或者取消的风险，不确定性非常大。

案例 中国石油收购 PK 公司案

中国石油天然气集团公司（以下简称中国石油）一开始获得加拿大阿尔伯塔省卡尔加里地方法院不带任何条件的最终裁决，全资收购 PK 石油公司。PK 石油公司是在加拿大注册的国际石油公司，油气田、炼厂等资产全部在哈萨克斯坦境内，年原油生产能力超过 700 万吨。

但是在 2005 年 10 月 5 日，哈萨克斯坦议会下院一致通过议案，允许政府干预本国石油公司向外国出售股份。哈萨克斯坦总统纳扎尔巴耶夫于 10 月 15 日签署新法令，授予政府优先购买国家所有战略资源的权力，并有权撤销任何违反该法令的交易。

最终，中国石油被迫同意签署协议，以 14 亿美元将自己购得的 33% 的股份出售给哈萨克斯坦国有石油公司 Kaz Munai Gaz，哈萨克斯坦政府才批准了该项并购。

哈萨克斯坦议会紧急立法，延缓了中国石油的并购，且迫使中国石油不能全资拥有 PK 公司，政府直接对投资进行了干预。

（五）语言、风俗习惯与宗教信仰的差异

"一带一路"沿线国家语言、风俗习惯与宗教信仰情况复杂，为中国企业

投资增加了沟通障碍。语言是最明显的一个因素，不仅影响双方人员之间的沟通了解，也影响着双方对各自国家法律法规、政策等的理解，进而影响了投资。“一带一路”沿线国家使用的语言有英语、俄语、印地语、孟加拉语、阿拉伯语，以及东南亚、东欧、中亚等各国家自己独立的语言，除了阿拉伯语、俄语，几乎是一个国家一种语言。据统计，从官方语言上来看，“一带一路”沿线 65 个国家有 52 种官方语言。而这仅仅是官方语言的种类，大多数“一带一路”沿线国家的少数民族语言都相对较多，语言资源丰富。以印度为例，作为南亚最大的国家，印度也是世界上拥有语言数量最多的国家之一，其语言数量几乎同整个西欧的语言总数相当。据统计，如果加上各地的方言，印度语言和方言的总数大约是 1652 种。

再以白俄罗斯为例。白俄罗斯是个多民族国家，境内有一百多个民族，其中主体民族为白俄罗斯族，人口占总人口的 81. 2%。俄罗斯族是第一大少数民族，人口占总人口的 11. 4%，波兰族是白俄罗斯第二大少数民族，人口占 3. 9%。俄语是白俄罗斯的官方语言之一，尽管俄罗斯族人口不多，但多数白俄罗斯族人会讲俄语。除俄语外，白俄罗斯最为普及的少数民族语言是波兰语，乌克兰语和立陶宛语只在国内局部地区普及，其他人数较少的少数民族语言主要有阿塞拜疆语、亚美尼亚语、格鲁吉亚语、哈萨克语、拉脱维亚语、摩尔达维亚语、摩尔多瓦语、德语、乌兹别克语等。主要少数民族都有自己的语言和文字，而我国目前小语种人才急缺，培养难度大，更为投资项目增加了困难。

宗教信仰是另一个重要因素。“一带一路”沿线国家涵盖了世界主要的宗教类型，即基督教、伊斯兰教、印度教、佛教、犹太教。然而，正如皮尤研究中心所指出的，目前只是根据一个国家大多数人所信仰的宗教来定义一个国家的主要信仰，在一个国家内部，除去主要信仰之外还有很多其他少数信仰，情况非常复杂。

宗教信仰对人的影响是潜在而又重要的，它形成当地的风俗习惯，影响人的价值观与沟通规则。中国企业在“一带一路”沿线国家进行投资时，如果不对当地宗教禁忌与风俗习惯足够熟悉，在谈判过程中就会容易产生矛盾分歧，或者在投资后期发生冲突。国内一个比较好的例子是，义乌为阿拉伯人建立了清真寺、清真餐厅等专门的场所，供阿拉伯人礼拜、用餐。这体现了对宗教信仰的尊重，也促进了阿拉伯商人在义乌的商业合作。

二、国内宏观决策和政策层面

（一）缺少顶层设计和统筹规划，内部竞争严重

从世界投资强国和地区来看，如美国、欧盟、德国、日本等，区域间的合作还是需要签订目标明确、可操作性强的文件，如自由贸易协定、区域合作协定等，其合作才能得到更快的推动。我国目前已经签署的14个自由贸易协定，有3个是跟“一带一路”沿线国家签订的，即中国—东盟、中国—新加坡和中国—巴基斯坦自贸协定。正在谈判的自贸协定，中国—斯里兰卡、中国—马尔代夫和中国—格鲁吉亚是在“一带一路”范畴里面。从“一带一路”涉及的国家和地区来看，签订和正在谈判的合作协议的数量还远远不够。因此，将“一带一路”倡议分解成定向的、细化的行动文件，是目前政府面临的重要挑战。

另外，缺少一个统筹机构对各地方政府和企业的“一带一路”项目进行协调、规划，这造成了很多项目的重叠和资源的浪费，甚至在当地出现恶性竞争，极大损坏了中国企业的形象，也给企业带来重大损失。“一带一路”倡议提出以来，各机构、部门、地方政府纷纷出台各种版本的“一带一路”规划，各地企业在这种规划的引导下，主动性很强，但往往对项目可行性评估不足，容易跟风行动，而不根据企业本身状况和当地需求来决定投资哪些项目。

（二）技术规划与标准不一致，项目对接难

技术规范和技术标准不一致将会导致“通而不畅”甚至难以联通的问题。设施联通的线路规划、技术标准和规范，在某种程度上比物理层面的互联互

通更加重要。以铁路为例，中国使用的是 1435 毫米的标准轨距，俄罗斯、蒙古国使用的是 1520 毫米的宽轨，而东南亚国家铁路的轨距却为 1000 毫米的窄轨。因此即使铁路线路可以连接起来，也仍然难以实现直通火车。货物运到边境就要卸车，然后再装到对方国家的火车上，这样大大地降低了通行效率并大幅提高了运输成本。现在的“渝新欧”和“蓉欧快铁”等中欧运输通道亦受此因素影响，目前平均时速仅为 60 公里/小时，仍需要政府补贴才能实现微利运营。产品标准也存在同样的问题，如中国—白俄罗斯工业园的建设，很多材料从中国进口，尽管在技术、产品、服务等方面的标准对接和资质认证方面双方取得了一定程度的互认，但仍然缺乏明确的合作文件或者规定。园区内中国生产的电缆与白俄罗斯国内的技术标准不同，通过认证需要 3 个月，极大阻碍了园区的建设与发展。

行业标准、技术资质互认是中国企业“走出去”的重要条件。2015 年 10 月 22 日我国发布《标准联通“一带一路”行动计划（2015—2017）》，并与欧盟、新加坡等实施商品标准的经认证的经营者（AEO）开展互认工作。但在中国企业具有比较优势的基础设施工程、国际产能和装备制造领域，中国标准、技术资质仍得不到国际认可。例如，哈萨克斯坦的许多工程设计和安全采用苏联标准，即使我们获得欧洲认证仍需当地重新认证，周期长，成本高。一些发展中国家尤其是非洲国家没有自己的行业标准，一般采取欧洲或其他发达国家的标准，在此情况下我国企业受制于外方，在市场准入、后期风险防范、索赔和反索赔等方面很容易陷入被动。

案例 泛亚铁路

泛亚铁路（Trans-Asian Railway，TAR）——总长近1.5万公里的泛亚铁路在20世纪60年代由联合国亚洲及太平洋经济社会委员会（ESCAP）策划提出，旨在建设一个横跨亚洲陆地、贯通新加坡及土耳其伊斯坦布尔并延伸至欧洲及非洲的铁路网络。

泛亚铁路计划在1995年东盟第五届首脑会议上得到很多亚洲国家的赞同，之后进入漫长的规划、协商阶段。2010年4月10日，亚洲18个国家的代表在韩国釜山正式签署《亚洲铁路网政府间协定》，筹划了近50年的泛亚铁路网计划最终得以落实。

但是，泛亚铁路面临的一个主要挑战就是"各国轨距标准不一致"。中国工程院院士、中铁隧道集团副总工程师王梦恕曾经建议，泛亚铁路要修，要用我们的标准、我们的技术、我们的设备。这一庞大的项目需要统一技术标准，协调海关和安全检查程序，筹措巨额资金，统一建设步伐。

泛亚铁路网络的大部分已由现存的欧亚陆桥连接，目前部分重要路段尚未动工。欧亚大陆现行的四种轨距见表1-4。

表1-4 欧亚大陆现行的四种轨距

轨距标准	采用的国家
1435毫米标准轨距	欧洲大部分国家、土耳其、伊朗、中国和朝鲜半岛
1520毫米宽轨	芬兰、俄罗斯，以及其他苏联加盟共和国
1676毫米宽轨	印度、巴基斯坦、孟加拉国和斯里兰卡
1000毫米窄轨	多数东南亚国家

然而根据规划，大多数国家将保有原路轨而不另建新轨，所以，泛亚铁路的畅通必须兴建转轨的机械设备。

近年来，中国铁路标准在国际上获得了较大成功。2015 年 2 月正式实施的首个中国高速铁路国家标准《高速铁路设计规范》可能在将来为各国之间实现铁路互联互通提供有力的技术支撑。另外，马来西亚、新加坡、印度、俄罗斯等国引进了中国高铁技术，伊朗、美国等 30 国家也有望采纳"中国标准"。

（三）金融支持不足，企业融资难

资金融通是"一带一路"倡议顺利实施的重要一环。现在中国企业在"一带一路"沿线国家投资面临的两个突出问题是，以国企主导的在基础设施建设领域的项目，因为金额大、周期长而难以获得贷款；以民企主导的在制造业、服务业等领域的项目，因为担保、抵押、信用问题而难以获得贷款，甚至受到金融机构的歧视。金融支持不足已经是政府、金融机构、企业都认识到的一个问题。

目前，专门为"一带一路"项目提供资金支持的是丝路基金，而其他金融机构如亚投行、金砖国家新开发银行、国家开发银行、中国进出口银行都不是专门为"一带一路"项目服务的。而丝路基金的运作效果不太理想，因为它坚持市场化运作，以股权投资贷款为主，投资于经济效益非常明显的项目，对股东利益负责，对风险的把控非常严格，导致许多"一带一路"项目都无法顺利过关。因此，"一带一路"项目需要的是真正的政策性投资基金，由国家财政给予风险补偿，让基金更加注重社会效应。根据中国进出口银行的统计，目前"一带一路"大多数项目资金不足，项目实施的中后期，失败的风险很大。

总结"一带一路"项目资金支持不足的问题，其表现如下：

（1）国企与民企融资条件有差异，民企融资难上加难。中国进出口银行提供信贷的条件较为严格，很多项目根本达不到标准。而且，国家开发银行和中国进出口银行倾向于向国有企业贷款，对民营企业的待遇与之有差异。

（2）企业融资成本高。中国进出口银行的信贷资金利率较高，发达国家很多都是低利率，甚至是零利率，如日本等国。而商业银行的贷款利率更高。加上国内银行的美元信贷利率比外资普遍高1.5~2个百分点，抬高了我国企业的境外融资成本。融资成本的高涨，带来的恶性结果是，中国企业最后投资的往往是风险大、发达国家不愿意投资的项目。

（3）融资模式单一。目前大部分境外项目融资支持都是以主权借款和以能源、资源做抵押的借款。丝路基金没有发挥有效作用，政策性金融、开发性金融、合作性金融、商业性金融等方式没有形成规模，放贷意愿也不强，国家层面没有形成资金合力。而外部资本市场则由于国内管束比较严格，也无法有效发挥作用，在中国香港、伦敦的证券债券市场融资，规模也相当有限。

（4）人民币国际化水平低，汇率风险大。人民币的国际化水平仍然很低，增加了企业在境外投资、交易的成本。而且人民币汇率的波动幅度较大，没有一个稳定的货币环境，增加了投资风险。目前，人民币跨境使用还存在一些障碍，沿线多数国家的本币都主要在其境内使用，本币合作的基础尚不扎实。人民币尚未完全实现自由兑换，在境外的被接受程度有限，一部分国家没有开放人民币业务，境外企业、个人在有些国家无法开立人民币账户。

（四）税收政策有待优化，税收服务不足

据《国际税收》报告指出，税收成本是全球跨国企业中仅次于原材料、人力资源的第三大成本。税收成本的高低直接影响着企业的国际竞争力，是企业“走出去”决策考虑的重要因素。国际经验表明，税收支持政策是发达国家资本输出战略的重要组成部分。在后税基侵蚀与利润转移（Base Erosion and Profit Shifting，BEPS）时代，税收成本的影响更加直接和突出。

“一带一路”倡议的实施加速了我国对外投资税收政策的改善，提高了我国税收服务的管理水平，取得了一定的成就，但仍然存在很多不足，主要表现如下：

（1）“分国不分项限额抵免法”的原则下，居民企业如果到多个国家进

行直接投资，而东道国的税率有的高于我国、有的低于我国，这样就会出现在高税国实际纳税超过抵免限额而抵免不尽、在低税国实际纳税达不到抵免限额造成抵免限额结余的情况。抵免限额不能调剂使用，增加了我国居民企业的税收负担。

（2）较高的控股比例和较少的层级限定，对企业“走出去”形成了一种约束。

（3）境外投资带来的亏损无法抵减境内所得或其他境外所得，在某种程度上抑制了境外投资行为。

（4）税收饶让制度的缺失，既削减了境外税收的优惠效力，也影响了企业在境外争取税收优惠的积极性。

（5）“一带一路”沿线多为发展中国家，税收法制不健全，“走出去”企业因无法取得合规的境外纳税凭证，存在无法抵免我国税收的风险。

（6）对装备制造业等重点行业的支持没有体现出足够的政策导向，优惠政策缺乏系统性。优惠覆盖面较窄，手段单一，多采用降低税率、定期减免等直接优惠，而投资抵免、费用扣除、亏损弥补、特别准备金以及延期纳税等间接优惠不足，特别是风险准备金制度的空白，成为影响我国“走出去”企业竞争力的因素之一。

（7）专业的境外税收服务能力跟发达国家相比，差距很大。我国税务机关、中介机构对“走出去”企业的服务还不够全面和深入，不能完全满足纳税人需求。“走出去”企业面临的风险不断变化，税务机关尚不能有效应对，管理环节相对薄弱，管理手段不够完善，反避税机制不够健全。此外，对外投资税收服务与管理的职能分散，缺乏统筹，专业人才不足。

对比美国与日本等发达国家对外投资税收政策与税收服务能力，目前我国对外投资税收政策亟待完善，税收服务能力也急需加强（见表 1-5）。

表 1-5 美国与日本的对外投资税收政策与税收服务能力情况

发达国家	对外投资税收政策与税收服务能力经验借鉴
美国	实行分国限额与综合限额选择制，使纳税人来源于不同非居住国的所得相互弥补抵免限额 实行"延迟课税"的规定，即对本国企业从海外取得的投资收益如果不汇回国内不对其征税，只对汇回的股息、红利课税。该政策相当于使海外企业从本国政府获得一笔无息贷款，降低了企业经营成本和财务风险 允许纳税人选择结转方式，当海外企业在一个年度出现正常经营亏损时，便可将该亏损抵消前 3 年的利润，同时把冲销掉的那部分利润所对应缴纳的税款退还给企业；也可向后 5 年结转，抵销以后 5 年的收入，少缴税款，以弥补企业在海外投资所遭受的损失对特定的对外投资主体或活动给予较低税率或免税，如"附加值征税制"规定，将运往国外加工制造或装配的飞机部件、内燃机部件、无线电装备等，在重新进口时可享受减免关税待遇，只按照这些产品在国外增加的价值征进口税 建立了精细化的办税报表管理系统，并在国际业务申报前通过强化与税务中介合作等方式为企业办理国际涉税事项提供便利。通过 IRS（美国国内收入署）网站对"走出去"企业提供境外投资经营办税和税收信息咨询服务；设立"纳税人援助服务"中心，帮助纳税人处理正常程序无法解决的问题；通过专业境外税收服务管理部门对跨国纳税人进行纳税辅导，提供投资目的国的税收信息，并开展解决境外税收问题的培训；集中高素质人才，设置基层专家处为各行业组提供技术支持，为跨国企业提供针对性税收服务。 于 1962 年在国内收入法典中引入 CFC 规则，对利用延迟课税优惠避税的行为进行打击
日本	积极促进税收饶让制度，即居住国政府对其居民企业在国外得到的减免税优惠视同已经缴纳，不再按居住国税法予以补征，有效保证了对外投资企业能够真正享受到东道国的优惠，有效推动了日本企业在海外建立生产基地 实行国际投资损失准备金制度，即满足一定条件的对外直接投资，按一定比例（如特定海外工程经营管理费用的 7%，大规模经济合作和合资事业投资的 25%）计入准备金，享受免税待遇。若未损失，该部分金额积存 5 年后，从第 6 年起，将准备金分 5 年合并到应税所得中纳税 通过对在国外加工的本国产品重新进口免征关税，来鼓励国内企业在劳动力价格低廉的发展中国家建立生产基地 推行所得扣除制度，将某些应课税的所得作为费用处理，其中包括科技产业海外所得特别扣除、海外新矿床勘探费特别扣除等 会计师事务所、律师事务所、管理咨询公司等税收中介服务机构非常发达，另外，日本驻外机构设立半官方的中介机构与"走出去"企业保持密切联系，及时收集信息，采取各种方式与驻在国（地区）政府沟通，反映企业的意见与要求，促使驻在国（地区）改善投资环境，较好地维护了日本企业的利益 在国税厅设置国际业务科，专门负责对外投资税收的服务与管理，并倾向于扁平化的组织结构和以纳税人为中心的机构设置 于 1978 年采用了 CFC 规则，规定对符合一定条件的国外子公司，将其留存金按国内股东的持股比例计算，与该股东的所得合并征税

（五）境外投资审批制度不够完善

“一带一路”倡议提出以来，国资委、发改委、商务部等多部门不断研究完善对外投资制度，取得了一些进展，但仍然存在三个方面的问题。

1. 多部门重复审批

由于核准标准和备案管理方式的差异，企业在申报境外投资项目时需要向多部门重复提交大量资料。如图 1-1 所示，一般而言，中国企业的境外投资项目运作过程有以下主要环节（以海外并购为例）：

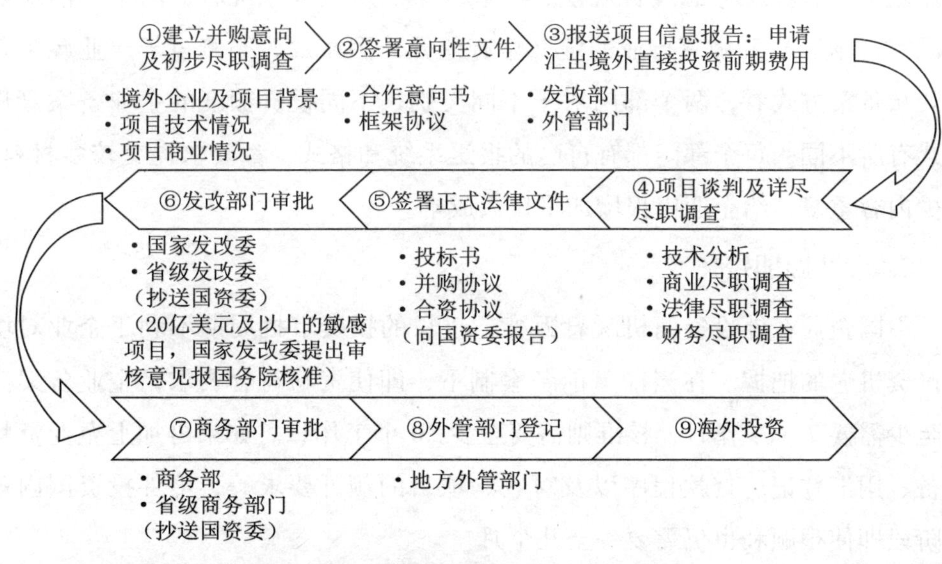

图 1-1　中国企业海外并购审批流程

资料来源：根据公开资料整理。

第一，一般由发改部门（ 国家发展和改革委员会即“国家发改委”及相关地方发展和改革委员会）、商务部门（商务部及相关地方商务厅、商务局）、外管部门（国家外汇管理局及相关地方外汇管理分局）三个政府部门审批和登记。

第二，涉及国有资产的海外投资还需要国资部门（国务院国有资产监督管理委员会及其相关地方分支机构）审批。

第三，如果中国投资者是金融、保险、证券机构，且海外投资属于该行业的，还需要金融监管机构（中国银行保险监督管理委员会即"银保监会"）、证券监管机构（中国证券监督管理委员会即"证监会"）的审批。

第四，如果中方投资额在20亿美元及以上，并涉及敏感国家和地区、敏感行业的境外投资项目，由国家发展改革委提出审核意见报国务院核准。

对于我国境外投资企业，商务部和国家发改委都有备案和核准权，境外投资都需要经由这两个部门审批，审批内容大量重复，同一核准维度标准有的还不一致。商务部和国家发改委都注重国家安全、经济利益、国际条约、行业敏感，后者还考虑投资规模、产业政策。从核准标准看，两个部门对敏感国家（地区）和敏感行业的定义略有差异，国家发改委侧重于产业政策角度。从备案方式看，两个部门对于不同类别、不同投资额度的企业备案管理方式有所不同，每个部门都有自己的报送系统和格式，都要求提交较多材料，不少内容重复，给企业申报增加了较大成本。

2. 审批周期较长

中国企业在外投资商机瞬息万变，过长的投资审批周期不利于企业对境外投资机遇的把握。在当前事前备案制下，即使资料符合要求，企业备案流程至少需要7个工作日，核准则需要至少20个工作日。如果再加上企业资料准备、用汇登记、贷款程序以及对收购项目的额外要求等，境外投资国内审核阶段即使很顺利也仍需要一至几个月。

事后备案制将大幅缩减企业实施投资前的备案时间，但征求意见稿中的核准时间仍未变化，对收购项目也未提出简化审批的办法，部分境外收购或竞标项目仍需事前向国家发改委审批，并留足至少7个工作日的审批时间。

3. 事后管理体系不健全

现有审批制度主要是对投资前审批，对事后管理仍较薄弱。事后监管跟不上、各部门责任界限不清晰等问题普遍存在。"备案为主、核准为辅"的管理制度以及拟实施的核准制和事后备案制度，均对事后监管具有较高要求，事后监管制度的设计和执行力亟待加强，各部门的权责也需尽快明确。

此外，事后管理体系仍不健全，制度仍以指导为主，与境外投资审批管理机制和政策支持体系等衔接不紧，对企业的监管、约束和处罚的作用还不强，也未能充分发挥包括企业组织、商协会等在内的管理部门的协同监督管理作用。这既不利于监管企业海外运营的全面情况，也不利于提升我国企业的国际化管理水平和国际形象。

三、企业管理运营层面

（一）缺乏园区专业运营管理经验

境外经贸合作区是“一带一路”建设的重要平台和载体。商务部数据显示，我国企业在建的70%的境外经贸合作区分布在“一带一路”沿线国家。目前我国境外经贸合作区建设存在规划不合理、定位趋同、产业定位不合理、本土化尚不彻底等问题，但缺乏专业园区运营管理机制是制约合作区发展甚至最终导致园区失败的重要因素。

一是，境外经贸合作区的开发主体多数是建筑工程企业、制造业企业和资源开采类企业，往往不是专业的园区开发建设运营商。这些企业受限于本身的业务范畴和经验，只重视产业园区的开发建设，忽视十分重要的规划设计、运营管理以及产业配套等环节，即采用简单的建设—移交（Build - Transfer，BT）模式。在这种模式下，建设者利润往往只来源于建设资金的盈余。为了达到利益最大化，建设者很容易催生出偷工减料、降低工程质量等行为，长远来看，对合作区会存在严重伤害。

而近些年越来越受到认可的建设—运营—移交（Build - Operation - Transfer，BOT）模式，则将园区的运营管理纳入整个园区的建设中，是比较科学的。在BOT模式下，建设者盈利除来自工程建设外，还来自园区的运营、招商引资、生产管理等行为。这样对合作区的发展及东道国来说都是有益的。

二是，很多合作区承建者容易把园区的建设视为快速获取利润的“土地和房产开发"类项目，对于如何科学合理地进行建设前期规划及有效进行园区运营管理没有足够的认识。这样的结果就是，入园企业所在行业分布多而散，难以形成产业集聚与溢出效应，后期发展不足，整个园区的效益受到很大影响。最后，建设者为了回笼资金，极有可能将园区"一卖了之"，对东道国和企业本身几乎是"双输"的结局。

境外经贸合作区是集空间布局、产业定位、投融资方案、招商引资计划、运营管理等于一体的发展区域，投资回报期长，对开发商的前期规划、建设与运营能力要求很高。但这也是我国企业"走出去"过程中必须要经历的一段积累经验的过程。

（二）对东道国投资环境了解不充分

东道国投资环境主要包括当地法律法规、经济社会发展状态、宗教信仰、风俗习惯、语言文字、政府部门工作制度、行业现状、投资项目风险等方面。

我国企业在"走出去"的过程中往往容易"拍脑袋"做决定，在对东道国了解不充分的情况下，贸然签订合同、开始施工，到后面会碰到法律、市场、员工、当地政府部门等多方面因素的干扰，轻则项目收益减少，重则整个项目都有可能破产。

我国企业对东道国投资环境了解不充分，主要体现在以下几个方面：

一是对当地法律法规（特别是劳动法）了解不足，如一些国家的强制性法律条款。例如，土耳其法律规定外国雇员和本地雇员的人数比例为 1∶5，在用工方面要求高；阿联酋要求项目工程师和承包人在工程交付后 10 年内对工程项目整体或部分的瑕疵负有连带责任。再如有些国家的法律执行障碍比较多。例如，土耳其注重维护本地企业利益，在法律执行过程中尽可能增加对本地企业的保护措施；在阿联酋，对外国法院和仲裁机构的判决仅被作为专家参考意见，外商较难得到公平对待。

二是对东道国的政治状况、周边地缘政治及经济形势研究不够，从而对风险的评估不足，也没有足够的风险管理经验。从国际经济发展实践看，不同国家有关对外直接投资的政策和法律各异，涉及国家安全、环保、反垄断、税务、劳工及行业限制等方面的规定差异较大。同时，随着国内外经济环境的变化，不同国家会对相关的投资政策与法律进行适度调整和变更，这无形中增加了“走出去”企业的投资风险。对于中国来说，企业国际化的水平和能力仍然处于起步阶段，对国外法律的本土化特征认识不到位，面临较大的法律风险和挑战。

以中国企业海外并购为例，大多数中国企业对被并购企业的国内政治、法律、劳工等外部风险并未进行科学评估，对被并购企业的组织框架、财务状况等内部风险也未进行有效评估。例如，对项目调查得不够翔实，对劳动力和设备成本估计不足，对工艺标准估计不足；资本运作经验缺乏；大宗商品和外汇市场波动加大；法律和政治风险估计不足，缺乏应对措施。在如此背景下进行跨国并购，为并购后的经营活动埋下了不确定性隐患。

另外，“一带一路”沿线国家文化丰富多样，差异性也很大。中国跨国企业与被投资国的语言、风俗习惯、价值取向以及宗教信仰等方面的差异，也大大增加了中国企业海外投资的不确定性。东西方文化差异给中国企业海外投资和并购后的整合工作带来了很大困难。中国企业在完成对外企并购后，在监管方面并未到位，仅委派部分管理人员对下属子公司进行管理。一般来说，基于对被并购企业的正常运行和效率考量，海外子公司的部分核心业务必须依靠当地的管理层进行管理，其原因在于中方的管理人员对于当地的法律法规和市场情况缺乏了解。为了有效监管，通过独立审计监管、约束企业行为和运行就显得尤为重要，但实际上由于语言和文化差异等而弱化了对下属公司的监管，导致海外企业问题频出甚至影响企业的正常发展。

从发达国家企业“走出去”的历史来看，除了这些企业本身配备了项目评估团队外，它们还会与第三方机构合作。这些机构有咨询公司、智库、当地信息服务中介等。通过第三方机构对当地投资环境的全面分析，结合企业本身对当地的熟悉了解，最后才会做出决定，这样的过程大大降低了投资风险。

（三）境外投资项目的专业人才缺乏

随着“一带一路”建设的推进，我国企业在境外的项目呈现快速增长态势，特别是以核电、高铁为代表的高新技术项目，正在逐步占领国际市场。项目的建设需要各种专业人才，特别是这种跨国投资项目，对人才的要求更高。一个跨国投资项目需要包含语言、法律、财务、经济、风险、人文、技术等方面的专业人才，而我国“走出去”的企业当中，大部分都欠缺对相关人才的培养和储备。境外投资专业人才的短缺是导致对外投资项目失败的最大因素，是我国企业亟待解决的问题之一。

我国从事标准化工作的人员基础薄弱，培养成本高、周期长，缺乏培育研究标准化人才的机制，无法建立梯队式互相衔接的标准化人才体系。因此，首先，无论是从素质还是数量上，都难以满足技术标准战略实施的需求。一方面，我国在标准研究工作中，对于标准的“走出去”、拓展“国际化”的研究不足；另一方面，财政部标准补助经费与标准编制实际所需经费仍有较大差距。其次，中国部分标准的内容和结构不完备。部分标准中存在对同一标准化对象的参数设定不一致的情形。另外，一些属于导则、指南、手册、参考资料的内容也混杂在强制性标准中，增加了标准编制和实施的难度。最后，中国部分标准缺乏完善的外文译本。我国部分标准的术语及其解释与国际不接轨，再加上我国从事标准中外文互译的专业人才不足，相关标准的外文版规范性不足，由此我国部分标准在国外被理解和接受程度不高。因此加强中国相关标准的规范性则成为实现中国标准国际化的必要任务之一。

境外投资项目缺乏专业人才的主要原因是对人力资源管理欠佳，人才引进机制缺失。

首先，企业人力资源管理未能与国际对接。企业“走出去”人力资源管理的挑战之一是对海外劳动力市场和当地法律法规不了解。另外，与海外市场相比，我国人力资源管理理念与体系存在显著差异。职级体系、人才评估的标准、薪酬管理理念等的不同，都将会是用人单位与国际化复合人才产生沟通障碍的潜在原因。

其次，我国人才机制对海外高层次人才的吸引力不足。第一，缺少诸如世界级实验室、跨国公司全球性研发总部等会聚一流人才的世界级平台。第二，高等院校、科研院所以及国企仍是目前我国吸引海外高端人才的主要平台，但这些平台在分配使用科技创新资源、处置与激励研制科技创新成果、创新业绩评价等多方面所受束缚较大。第三，在政策上，开展国内外合作办学、合建技术研究院、建立人才国际组织等，政策约束较多，权限门槛较高。

最后，激励保障海外人才引进的机制不完善。海外人才的引进主要面临两大障碍：一是对海外人才采取的现行税制中税率高，缺乏激励调节机制。此外，企业采取的激励措施也不适用现行税制，特别是高薪、高奖励等政策不可避免地带来高税率问题，提高了企业进行人才激励的成本。二是缺少针对外籍人才的社保和医保制度。目前外籍高层次人才主要通过购买商业保险和单位付费的方式，支付在华工作期间的医疗相关费用，但面对数额较高的医疗费用，经常与保险公司和工作单位产生分歧，这成为制约外籍人才来华工作的主要原因之一。

从美国、日本等发达国家企业“走出去”的经验来看，这些发达国家无不重视跨国企业、投资项目专业人才的培养，这些人才不仅专业技能过硬，而且充分了解并融入当地的文化当中，对项目和企业的发展起到了至关重要的作用。总体来看，我国企业在国际项目的人才培养方面压力很大。

中国企业大规模境外经营时间并不长，短时间很难找到大量的能胜任企业境外投资项目的管理骨干。企业在大举推进境外投资项目的过程中，往往面临着缺乏一批业务素质过硬、管理水平高、外语交流能力强、具有良好心理适应和调节能力的项目管理人员这一问题。在缺乏足够的人力资源支撑的情况下，境外项目的管理团队往往素质参差不齐，降低了企业的管理效率和经营效果。对培养外派领军人才的重视不够，考核激励机制不合理，保障服务不到位造成外派人员后顾之忧较多，特别是在高铁项目上人才缺乏的问题更加明显。

案例 中国高铁国际项目的人才状况

近年来，中国高铁已经成为"一带一路"倡议的建设项目中非常响亮的名片。但我国高铁国际项目在人才方面仍然面临较大压力，这对项目的推进和长期运营有较大影响。

（1）高铁从业人员的素质及业务水平达不到国际化相关人才的水平和标准。我国现有的铁路企业从业人员以退伍军人和高职院校毕业生为主，这些人员大多数没有接受过高等教育，专业技术水平具有明显的差异，不能适应目前高铁技术的飞速发展，其职业素养也没有达到工作的要求。例如，建设一座隧道，以往两头相向开挖贯通的上下左右正负误差可以为5厘米，现在则连两三毫米都不允许，这就要求从测量员、放线工，到地质超前预报员、隧道开挖操作手，再到现场运输、通风、电气、支护喷射、砌衬防水等几十个工种、数百名技术人才，一丝不苟地完成每道工序。此外，高速列车运行要求轨距精确，每天需要线路维护人员值守，并在规定的时间检测，确保轨距、道口扳道及通信、电力设施万无一失，这需要持之以恒的责任心和优秀的职业素养。除铁路一线从业人员素质及业务水平不足外，铁路部门的部分管理人员也存在着业务水平低、对建设工种要求不明确等问题，导致在管理过程中存在缺陷。

（2）高铁人才培养模式落后，实习实训条件不足。传统铁路人才的培养模式已无法适应当今高铁国际化人才的培养需求。

（3）核心技术落后，高层次人才严重缺乏。我国的高铁建造起步晚，在建造高铁的过程中不得不聘请外国专家指导。此外，在管理体系方面，我国因经验不足，也存在运营方式不规范等问题，这些与我国对高层次人才的培养跟不上高铁飞速发展的速度密切相关。

在高铁建设各方面人才缺口当中，新设备维护保养方面的高级技工和能够独立进行技术研发的专业技术人员尤为缺乏，这些表明我国高铁行业急需加强人才自主创新能力的培养及与国际先进技术紧密对接的技术应用型人才的培养。

（四）企业社会责任（CSR）意识薄弱

越来越多的中国企业走出国门，面对不同的投资环境、政策法规、社会文化、劳工结构参与国际竞争，取得了不俗的成绩，也出现了不少问题。企业在东道国履行社会责任的情况，是最容易引起关注的一类问题。企业社会责任关乎中国企业在海外能否被信任，能否获得可持续发展，能否以负责任的形象立足于全球经济舞台，甚至关乎中国的国家形象。因此，企业社会责任成为中国企业“走出去”必须重视的问题。

由于中资企业海外投资集中在能源、矿产等社会影响较大、污染较重的行业，因此不可避免地会受到当地非政府组织对这些企业环境绩效、社会责任方面的监督。中国政府已相继出台一系列指导性文件，如商务部和生态环境部联合发布的《对外投资合作环境保护指南》，指导中国企业在对外投资合作中提高环境保护意识，了解并遵守东道国环境保护方面的政策法规。但是我国部分企业在发展中国家进行矿产、石油和天然气开采时，由于受到短期利润驱动、环保意识缺失、技术水平不足等原因，破坏了当地的生态，引起了不同程度的环境问题，引起社会舆论的不满，影响到企业的声誉。例如，中国工商银行同意为埃塞俄比亚的吉贝三级大坝项目提供约 4 亿美元的贷款。在此之后，银行监察组织、国际河流组织和图尔卡纳湖之友 3 个组织致信中国工商银行，认为大坝项目将导致湖区生态环境崩溃，随后国外很多媒体相继报道此事，对中国工商银行的国际形象造成了不小的负面影响。

近年来，中国企业在境外投资取得了一定成绩，然而部分企业的社会责任意识缺失、能力不足等问题日益显现。例如，有的企业为了拿到订单，不讲规则，采取低价策略甚至进行恶性竞争；有的企业中标以后，通过偷工减料、降低工程质量达到降低成本之目的，违背了合同条款，既给企业自身造成很大的信用损失，也损害了中国企业在海外市场的整体形象。这在某种程度上已经引起了东道国政府、当地居民及社会舆论的强烈不满，给企业的声誉和国家形象带来巨大的负面效应。

由于中国企业对外投资的历程较短，加之自身的经营管理能力较差、国际化人才匮乏等因素，绝大多数"走出去"的企业尚未建立起责任管理体系，在东道国履行社会责任的重点领域和方向缺乏科学严谨、全面系统的统筹安排。很多企业对国际企业社会责任理念以及做法不甚熟悉，尚未对国际化经营环境下自身的责任进行理性分析和界定，履行职责具有很大的随意性，对企业自身可能存在的风险预见不足，没有从企业可持续发展的战略高度认识企业的社会责任，并将其贯穿于企业的发展过程。尽管越来越多的企业已经意识到企业社会责任的重要性，但由于跨国经营经验的匮乏，对于当地法律法规以及风俗文化了解不深，我国"走出去"企业正在遭遇越来越多的劳资纠纷，而多数中国企业对此有足够的心理准备和知识准备。

由于与东道国当地的文化差异较大，制度环境和法律环境迥异，中国企业往往对投资东道国的法律、文化、习俗等缺乏基本了解，加之企业宣传能力不强，没有建立合理的信息沟通机制，导致与当地社会出现信息不对称、沟通不畅等问题，进而影响企业社会责任的履行。

因为缺乏社会责任意识而最终受到处罚并造成巨大损失的中国企业案例很多，以在加纳开发金矿的小企业为例。2014 年以前，大量中国企业涌入加纳开采金矿，以买地买林的方式获得土地开采权（交易的过程中存在贿赂部落长等行为），在山地林地里胡乱开采，完全不顾及对当地环境的破坏。在雇用当地员工的同时，给的薪水也很低，没有社会保险，出了工伤也不及时处理，往往给予一点补偿了事。大量当地居民向政府举报、抗议，结果加纳警察逮捕了上百名中国人，关闭了大多数金矿，连带一些正规的金矿开采企业也受到影响。

（五）企业投资结构有待优化

我国早期对外直接投资集中在制造业，主要寻求廉价的劳动力与原材料，中国制造业对外投资在过去几年呈现出震荡上升趋势。受国内制造业经济压力加大、产能过剩加剧、人力成本上升和规避贸易壁垒等因素的影响，一些制造企业渐渐开始转向印度、越南等人力成本更低的国家。2004—2014 年，中国企业对外直接投资主要集中在租赁和商务服务业、金融业、批发和零售业、采矿业以及制造业等行业，其投资规模逐年增加。以 2014 年为例，五大行业累计投资约 971.11 亿美元，占我国对外直接投资净额的 78.9%。由此可见，我国投资参与的行业虽比较齐全，但是行业分布不均且偏重基础产业以及劳动密集型产业，不利于我国产业结构优化升级（见图 1-2）。

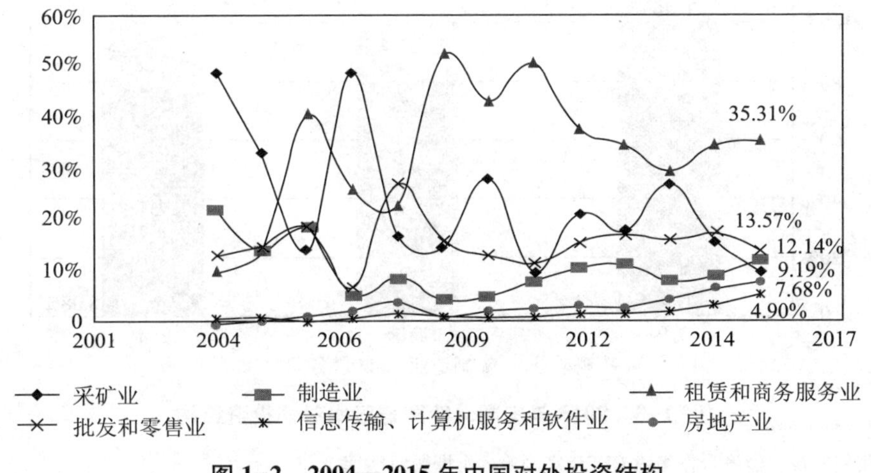

图 1-2　2004—2015 年中国对外投资结构

资料来源：国家统计局，本课题组整理。

中国企业“走出去”的行业分布虽然仍旧比较集中，但已逐步呈现出多元化趋势。近年来，我国非金融类对外投资所涉及的行业更加广泛，涉及制造、商务租赁、金融、交通运输、公共管理、采矿以及高新技术等几乎所有国民经济行业，投资行业结构也往更加优化的方向发展。2003 年，采矿业占非金融类对外投资的 48.3%，几乎占了一半，到 2015 年，这个比例已经下降到了 9.19%。租赁和商务服务业是目前最大的投资领域，2015 年占比 35.31%。制造业在过去 10 年保持了一个低速稳定的增长态势，而信息传输、计算机软件和服务业以及房地产业在近几年显现出快速增长的趋势。这两个行业民营资本参与度比较高，像房地产业，以万达、碧桂园为代表的中国房企近几年在新加坡等国参与的投资项目越来越多。

但是，相对于投资强国美国、德国、日本来说，我国企业对外投资结构仍然有待优化，制造业、服务业占比仍然较低。从历史上来看，美国、德国、日本的对外投资均经历了以资源行业为重点向制造业，再向服务业为重心转移的过程①。特别是美国，进入21世纪以来，服务业一直占据了美国对外投资的绝大部分（见图1-3）。

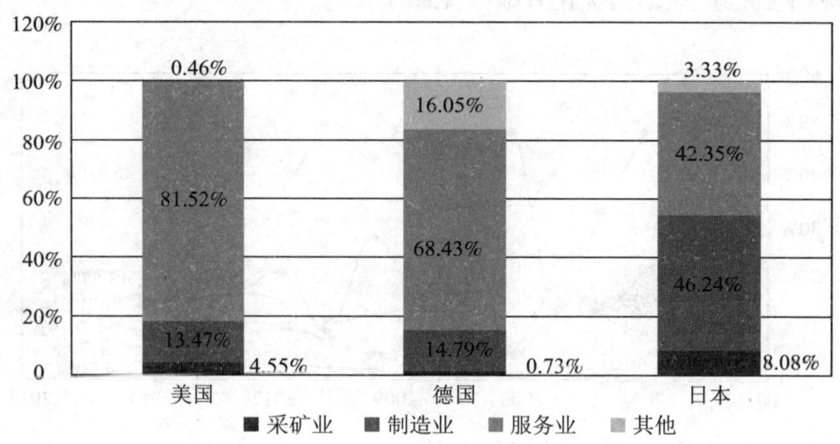

图1-3　2015年美国、德国与日本对外投资结构

资料来源：经济合作组织OECD官网②，本课题组整理。

（六）对海外投资项目的监管不足

1. 企业境外投资项目建设期间成本控制问题

企业在境外投资项目建设成本控制与管理过程中，受驻在国政治环境、经济政策、自然环境、材料市场等不可控风险因素的影响较大，往往会因为工程项目管理人员成本管理意识不强，材料采购流程内控工作不严，海外劳

① 日本为2013年数据。制造业仍然占据日本对外投资的半壁江山，比较有名的如汽车、打印机、医疗设备、家电、数码设备等行业。

② 根据OECD统计规则，服务业包括酒店、金融保险、公共服务、交通运输、房地产、教育、TMT等。

务成本增加，项目管理人员只片面追求经济效益而忽略质量控制等因素导致额外成本增加，并且项目成本的控制与管理过程是一个集预测、计划、执行、控制、计算、分析和考核等一系列管理内容于一体的系统工程，不是简单的收入与支出的核算，单靠财务人员很难在企业的建设成本控制中发挥重要的监督与审核作用，常常导致产生企业的建设项目成本控制工作效率低下、效果不佳的局面。

2. 企业境外投资项目建设期间资金管理的问题

企业境外投资的项目投资额度一般较大，企业的资金管理工作对项目的工程建设有着极其重要的影响，它直接影响项目的进度及投资效益。由于项目投资跨国开展，意想不到的问题时有发生，驻在国的政治、经济形势，利率的高低，汇率变化对资金的影响和风险，施工方与驻在国的关系等多方面因素均会影响资金的流动及安全，如果操作不慎，就会给企业带来巨大的经营风险，甚至导致企业项目投资失败。因此，研究项目工程的结算货币、结算方式、汇款过程中外币的自由转换程度、相关银行之间的关系、相关国家的法律、施工方的情况以及汇率变化对资金、利润、收入、税金、成本结转的影响将成为境外投资企业建设期间资金管理工作不可忽视的关键环节。

中国企业赴海外投资，总部对于项目的监管范围有限，往往是项目团队的一个或若干领导来对项目的投标、实施、交付等过程负责，没有形成规范的项目汇报与责任认定制度。在某些情况下，项目负责人为推动项目进行，会采取极端的方式，如贿赂等腐败行为。海外投资项目由于天然存在的监管不足，使腐败发生的概率增加了不少。

3. 对外派人员的管理工作不到位

中国企业“走出去”的历史可以追溯到很远，但直到进入 21 世纪，特别是“一带一路”倡议提出之后，企业“走出去”的规模才迅速扩大，这必然会带来更多的中国人长期驻外工作。

除了对当地情况了解不足之外，中国企业对长期驻外工作人员的管理与保障工作也做得不到位。一是意识不足，二是经验不够。埃克森美孚（Exxon

Mobil）和雪佛龙（Chevron）是美国企业“走出去”的典型，工厂、分公司遍布全世界。这两个公司均把员工的安全与健康放在首位，除了基本的员工保险和在当地分公司聘请保安之外，公司还会带领员工熟悉当地环境、对员工进行安全培训、建立与大使馆的联系通道与动态信息交流渠道，并与当地安全部门进行合作，最大限度地保障员工在当地工作的安全。

“一带一路”沿线国家政治情况复杂、地缘政治冲突激烈、国内安全状况堪忧。2000年至今，在阿富汗、伊拉克、巴基斯坦、印度尼西亚、也门、埃及、乌兹别克斯坦等国，中国员工被抢劫、绑架、袭击、枪杀的事件不断发生，对员工家庭造成了极大的伤害，也对企业的运营、项目的实施带来了负面影响。员工的在外安全问题已经成为企业的一个难题，亟待解决。

（七）“走出去”企业呈分散状态，未形成产业集群优势

我国企业“走出去”多处于自发状态，并且呈分散状态，没有形成关系较为密切的产业集群，也没有与我国长期以来实施的“走出去”战略形成紧密的衔接。针对我国企业“走出去”的现状，欲进一步开拓国际市场，不仅需要加紧培养企业核心竞争力，努力提高企业管理水平，加强物流配送、供应链管理、财务管理等方面的信息化建设，专注主营业务，打造自主品牌，将企业做大做强，更需要创新“走出去”的模式，将海外单打独斗转变为抱团出海，以战略联盟的方式形成“集群式”，从而提高“走出去”成功的概率。

“集群式”走出去是指通过战略联盟的方式，与具有海外经营经验的制造企业或具有开拓海外市场意向的商贸企业联手“走出去”。战略联盟是指由两个或两个以上有共同战略利益和对等经营实力的企业，为达到拥有市场、共同使用资源等战略目标，通过各种协议、契约而结成的优势互补或优势相长、风险共担、生产要素水平式双向或多向流动的一种松散的合作模式。战略联盟可以创造规模经济，实现企业优势互补，形成综合优势，有效地占领新市场。根据联盟各方所从事的活动性质来划分，战略联盟可以分为纵向联盟和横向联盟。横向联盟是指各方从事的活动是同一产业中的类似活动的联盟，

它通过联盟各方从事一项活动而降低成本、提高效率、分散风险从而增加规模经济。纵向联盟是指处于产业链上下游有关系的企业之间建立的联盟，它使处于价值链不同环节的企业采取专业化的分工与合作，利用专业化的优势与联盟的长期稳定性创造价值。

由于目前我国“走出去”企业规模还不够大，竞争能力还不够强，资金有限，承受对外直接投资风险的能力不强，且打造跨国经营的商贸业巨头尚需时日，因而在现阶段以某一个企业为主体“走出去”难度很大的情况下，采取“集群式”的对外直接投资模式，可以充分发挥规模经济效应，有效地增强我国企业的跨国经营能力，形成整体的竞争优势并降低风险。

第二章

“一带一路”基础设施项目落地的问题及对策

一、“一带一路”基础设施项目的现状

当前中国提出的“一带一路”倡议，主要着力点之一就是包括公路、铁路、港口和机场等在内的基础设施的互联互通。2017 年“一带一路”国际合作高峰论坛期间，习近平主席宣布，中国国家开发银行、中国进出口银行将分别提供 2500 亿元和 1300 亿元等值人民币专项贷款，用于支持“一带一路”基础设施建设等项目。其中，承包商会的会员企业在海外也承揽了大量的基础设施项目，业务遍及 180 多个国家，仅 2016 年在全球完成的营业额就达 1600 亿美元，新签合同额达 2440 亿美元。

当前，“一带一路”国家基础设施发展主要呈现五个特点。一是“一带一路”国家基础设施合作前景看好。基于对 63 个“一带一路”沿线国家和 8 个葡语国家的基建项目发展情况的综合分析，由中国对外承包商会、澳门贸易投资促进局以及大公国际信用评级集团发布的“2018 年度‘一带一路’国家基础设施发展指数”显示，随着“一带一路”沿线各国对基础设施建设的关注度持续提升，2018 年“一带一路”国家基础设施发展总指数创出新高，跃升至 124，较上年提升 11 个百分点，其中发展趋势指数上升 23 个百分点。“一带一路”国际基础设施建设规模、增速继续提升，项目数量与合同金额显著增长，成为拉动总指数跃升的关键因素，各国基建市场潜力将得到进一步

释放，“一带一路”沿线国家基础设施建设的发展前景令人期待。二是“一带一路”国家基础设施项目的跨国合作热度有增无减。数据显示，2017 年各国基建领域的国际合作合同额继续上涨，导致各国基础设施发展趋势指数普遍上升，“一带一路”沿线国家跨国基建项目热度持续上升，大型基础设施建设项目的成果落地与有效运作正成为保障跨国基建业务持续发展的关键。三是东南亚地区仍是“一带一路”国家基础设施合作的热点区域，西亚地区吸引力下降。凭借稳定而旺盛的市场需求，东南亚地区合作指数的得分蝉联区域排行榜首位；而西亚地区排名因其地缘政治冲突及国际油价波动的不利影响出现较为明显的下滑；得益于巴西一贯优异的表现以及葡萄牙、安哥拉等国发展环境和潜力的改善，葡语国家的合作指数排名整体有所提升。具体来看，印度尼西亚、新加坡、巴基斯坦、俄罗斯、越南分别位列国别指数排名前五位，巴西、葡萄牙、安哥拉位列葡语国家前三位。四是交通与电力项目继续领跑“一带一路”国家基础设施建设行业。受规模与增速指标的拉动，一批具有代表性的铁路、公路、港口、机场和跨境桥梁项目为促进区域互联互通注入强劲动力；“一带一路”沿线国家电力需求快速增长，其中，可再生能源与清洁能源项目将为国际电力基础设施的发展发挥更重要的作用。五是新政策、新金融、新技术为“一带一路”沿线国家基础设施发展提供新动能。2017 年以来，“一带一路”沿线各国相继制定了与基础设施建设相关的区域发展规划，为基建项目建设提供了更加完善的制度保障；国际多边金融机构继续开展金融创新，国际基础设施建设投融资环境进一步改善；各国际承包商及产业链上下游企业积极推动与基础设施建设相关的技术创新，国际基础设施建设向着智能化、绿色化、信息化方向不断迈进。

交通基础设施的互联互通是“一带一路”倡议实施的重要内容（见表 2-1）。交通基础设施的互联互通是保障“一带一路”倡议顺利实施的重要前提，有了路才能人畅其行、物畅其流。由此可见，以中欧班列为代表的交通基础设施互联互通是“一带一路”倡议下推动区域间经贸合作、实现全面对外开放新格局的重要抓手，是国际陆路运输的中国方案。自 2011 年重庆开通国内首趟通往德国杜伊斯堡的国际货运铁路以来，中欧班列无论是在开行数量方面，还是在服务范围上都实现了迅猛提升，仅 2017 年就开行 3673 列，同比增长

116%，超过过去六年的总和。

2016 年，中欧班列统一了品牌，发展至 39 条运行线，联通 16 座国内城市和 12 座境外城市，迄今已成功开通了 1700 列，同比增长了 100%。中欧班列主要进展体现在三方面：一是增速快。2015 年一年中欧班列就开行 815 列，是 2014 年的 2.7 倍，国内开行城市已达 10 个，到达沿线国家 7 个，常态化运输机制开始形成。2016 年开行 1702 列，同比增长 109%。2017 年 2 月，多个城市还提出"运力翻倍"计划，推进"一带一路"建设工作领导小组办公室印发了《中欧班列建设发展规划（2016—2020 年）》，提出预计到 2020 年中欧班列达到每年 5000 列左右。二是反向运输诉求增加。2016 年返程班列 572 列，同比增长 116%。另外，2016 年初，伊朗、乌克兰也尝试向中国发送专列。三是更多国家参与合作。2017 年 4 月，中、白、德、哈、蒙、波、俄七国铁路部门签署《关于深化中欧班列合作协议》，拟扩大班列服务地域，开发新产品，推进跨境电商货物、国际邮包、冷链运输。

中国西安开往波兰华沙的中欧班列，作为带动我国内陆地区开放的纽带，自 2011 年于重庆首度开行以来，成为"一带一路"沿线各国共享的重要贸易通道。自开行以来，班列数量呈现爆发式增长。截至 2016 年 6 月底，中欧班列累计开行 1881 列，其中回程 502 列，实现进出口贸易总额约 170 亿美元。目前，中欧班列已形成东中西多线路出境格局。西线从阿拉山口出境，经哈萨克斯坦、俄罗斯、白俄罗斯、波兰至德国；东线从满洲里出境，经俄罗斯等国至欧洲；中线从二连浩特出境，经蒙古国、俄罗斯等国到欧洲。根据国家发改委制定的《中欧班列建设发展规划（2016—2020 年）》，到 2020 年，中欧班列将实现年开行 5000 列左右的目标，基本形成布局合理、设施完善、运量稳定、便捷高效、安全畅通的中欧班列综合服务体系。

"渝新欧"国际运输班列：这是一条由沿途六个国家铁路、海关部门共同协调建立的铁路运输通道，全长 11179 公里。目前该通道最大的受惠者是重庆，有利于在重庆落户的笔记本电脑产业的相关商品向西进入欧洲市场。"郑新欧"国际运输班列：沿途经过 5 个国家，历经 2 次转关 2 次换轨。2014 年 9 月 1 日，汉堡至郑州的铁路货运专线首次开通。"蓉欧"快铁运输班列：全长

9826 公里。2013 年 4 月 26 日，成都到波兰罗兹的蓉欧国际快速铁路货运直达班列正式开通，每周五固定发车。“苏满欧”国际运输班列：“苏满欧”铁路运输专线正式开通后，为进一步提升货运效率，南京和苏州海关，上海铁路局、哈尔滨铁路局，满洲里市政府多方协调，于 2013 年 9 月 30 日成功开行首趟“定点、定时、定线、定车次、定价格”的“五定班列”。

表 2-1 “一带一路”交通设施项目情况

设施联通	交通设施	中交集团	瓜德尔港、泽蒙-博尔察大桥、槟城二桥、塔乌公路、喀喇昆仑公路、蒙内铁路
		中国电力建设集团有限公司	凯塔公路工程二期项目、塔吉克公路、赤几吉布洛上游调蓄水库
		招商局集团有限公司	科伦坡国际集装箱码头（CICT）、尼日利亚庭堪国际集装箱码头（TICT）、多哥洛美集装箱码头（LCT）、澳洲纽卡斯尔港、土耳其 Kumport 集装箱码头
		中国铁路物资（集团）总公司	巴基斯坦拉合尔项目
		中国中铁	特拉维夫轻轨、埃塞俄比亚铁路、乌兹别克斯坦铁路、斯里兰卡南部铁路、吉隆坡地铁、基甘博尼大桥、帕德玛大桥
		中国通用技术（集团）控股有限责任公司	斯里兰卡南部铁路项目
		中国铁道建筑总公司	厄瓜多尔昆卡市市政公路项目、埃塞俄比亚至吉布提“亚吉铁路”、塔吉克斯坦共和国“瓦赫达特—亚湾”铁路项目
		中国建筑工程总公司	阿尔及利亚南北高速公路项目、斯里兰卡南部高速延长线第三标段项目、巴基斯坦卡拉奇—拉合尔高速公路项目
		中国建筑设计研究院	巴基斯坦卡拉奇—拉合尔高速公路（苏库尔—木尔坦段）项目
		中国化工集团公司	“风神号”郑欧专列
		中国核工业建设集团公司	东帝汶拉客鲁巴—纳塔博纳道路升级及维护项目、格鲁吉亚 E-60 高速公路项目、老挝塔銮湖经济专区桥梁工程
		中国铁路通信信号集团公司	中国通号蒙内项目、雅万高铁、巴基斯坦铁路信号改造工程（24 站）、阿卡铁路

二、基础设施项目存在的主要问题

（一）建设与开发成本高，回报率低

基础设施一般具有投资大、周期长、回报率低的特点。因此，虽然它可能带来较大的社会效益，但建设与运营基础设施对于一般的企业而言，既缺乏承受的能力又缺少推动的动力，即便要引入民间资金，也要由政府给出足够的补贴。另外，基建投资往往会在较短时间内产生很大的债务负担，这也理应由政府来承担。政府如果没有承担起这些责任而仅寄希望于民间，那将极不利于计划的推进。基础设施建设的投入是"一带一路"走向实际运营的先导。基础设施建设得好，则沿线地区能够发挥后发优势，使经济建设取得长足的进展；基础设施构建不利，则不可避免地会造成浪费，并且拖累地区经济的进一步发展。

从现实情况看，沿线国家经济发展相对落后，基础设施建设比较薄弱，相关法律法规不健全不完善，加上大多投资又以道路、港口等基础设施建设为主，其投资回报率较低且回本缓慢，有时甚至连能否盈利也存在较大的不确定性。这些都将制约和影响国外投资者前往投资的意愿和决策，对我国企业来说也不例外。基础设施建设与开发的成本较高，回报率不确定性大，这将是制约"一带一路"交通基础设施项目推进的一个重要因素。

（二）标准不一，行业标准、技术资质互认困难

行业标准、技术资质互认是中国企业"走出去"的重要条件。我国已发布《标准联通"一带一路"行动计划（2015—2017）》，与欧盟、新加坡等实施商品标准认证的经营者（AEO）开展互认工作，但在中国企业具有比较优势的基础设施工程、国际产能和装备制造领域，中国标准、技术资质仍得不到国际认可。例如，土耳其、阿联酋等均采用欧美发达国家标准，对我国工程标准的要求甚至超过欧美标准；哈萨克斯坦的许多工程设计和安全采用

苏联标准，即使我国获得欧洲认证，仍需当地重新认证，周期长、成本高。

“一带一路”涉及多个国家和地区，国情不同，交通基础设施的实施标准也不统一。线路规划、技术标准和规范，在某种程度上比物理层面的互联互通更加重要。以铁路为例，中国和大部分国家的铁轨采用的是1435毫米的标准轨距，而与中国国境相接的蒙古国和俄罗斯采用的是1520毫米的宽轨，另外一些沿线国家如马来西亚采用的又是1000毫米的窄轨。因此，尽管铁路线路可以连接起来，可仍然难以实现火车的直通。货物到边境就要卸车，然后再装到对方国家的火车上，结果大大降低了通行效率并大幅提高了运输成本。现在的“渝新欧”和“蓉欧快铁”等中欧运输通道亦受此因素影响，目前平均时速仅为60公里/小时，仍需要政府补贴才能实现微利运营。因此，建设标准的不统一，严重阻碍着“一带一路”交通项目的快速稳定发展。

（三）金融、人员往来监管措施限制多

沿线一些国家交通基础设施落后，金融、人员往来监管措施限制多。以中亚地区为例，我国与中亚国家的立体化交通网络尚未形成，由于双边运输需求增长较快，铁路和公路口岸均呈饱和状态，国际货物运输经常停装、限装，货物无法顺利运进或运出。与土库曼斯坦的跨境贸易结算存在障碍，在乌兹别克斯坦的经营利润不能及时兑换汇回国内，影响了企业的正常经营。此外，中亚国家对我国企业人员签发商务签证、派遣员工方面限制较严，加之当地人才匮乏，我国部分企业为正常建设和运营投资项目，只好采用“灰色途径”向中亚派遣劳动力，对企业形象和项目安全造成负面影响，也存在较大法律风险。

（四）合作机制不顺畅

“一带一路”沿线地区不少国家法律不健全、不稳定，自由贸易区建设水平较低，国与国之间仍存在较多贸易投资壁垒，如实施较为严格的许可证准入制度等；海关程序和文件不统一，基础设施建设标准和规范不一致，交通物流运输信号存在差异等，都对该地区的贸易自由化和投资便利化形成了严重阻碍。例如，通关政策的不一致以及相关协作机制的缺失，会导致通关速

度缓慢，货物积压严重甚至无法通关。有些区域或国家间对某些标准认定的不一致，也会造成严重的通行障碍。例如，由于通行标准的不一致，中国的货车在正常装载情况下开到蒙古国就会被认定为超载，进而影响了双边货物车辆的直接往来运输。

（五）政局不稳及环境风险

在"一带一路"交通项目建设过程中，要警惕因地缘政治等因素给经济带来的影响。例如，俄乌冲突、中东局势等地缘政治形势恶化，造成了该区域的不稳定，打压投资者的信心，使国际资本撤离该地区，造成国内国外资本的损失。交通项目面临因沿线各国政局变动引起的资金无法收回被无理取消合作的风险，如中泰高铁、中缅水电站事件，以及希腊叫停出售比雷埃夫斯港口事件等。

还有一些沿线国家自然条件相当恶劣，严重影响地面交通运输类基础设施的建设。在地质地形条件较差和自然气候恶劣的地区开展基础设施建设的难度非常大，其所影响的不仅仅是投资额度的大量增加和经济效率的不理想，还会影响到工程的质量、进度，甚至决定项目的成败。例如，中国西南地区的境外延伸通道位于世界海拔最高的高寒地区，地形复杂、雪山林立，对道路施工的技术要求很高，而且维护成本也会居高不下。目前，中巴经济走廊和孟中缅印通道都存在这方面的问题。

（六）投融资平台及机制建设滞后

沿线多数国家建设资金缺乏。据亚行估计，2010—2020 年，仅丝绸之路沿线亚洲 8 国（中国、哈萨克斯坦、巴基斯坦、印度尼西亚、马来西亚、泰国、菲律宾、越南）基础设施建设所需的投资累计就达 5.7 万亿美元。我国周边大多数国家经济相对落后，缺乏必要的基础设施投资资金。据亚洲开发银行估算，目前东盟每年基础设施建设资金需求为 600 亿美元左右，但由成员国筹集的基础设施基金投资尚不足 10 亿美元；中亚地区仅哈萨克斯坦和巴基斯坦两国所需的基础设施投资累计就达 2490 亿美元，而该地区国民储蓄率低于世界平均水平。沿线地区投融资平台及机制建设滞后。首先，基础设施投资的双边合作基金数量、规模和融资能力都比较有限，如中国和东盟的投资合作基金一期募资规模 10 亿美元，东盟基础设施建设资金募资总规模不到 10 亿美元；其次，现有的多边投资机构重点任务在于“扶贫”，正在筹建的亚洲基础设施投资银行和新设立的丝路基金提供的资金有效地补充了资金供给，但与总需求相比差距仍然悬殊；再次，区域和国内的资本市场尤其是债券市场不发达；最后，国际流行的 BOT（建造—经营—移交）、TOT（转交—运营—转交）、PPP（公私合伙或合营）等非官方资金利用方式很少采用。

三、基础设施项目落地的对策与建议

（一）加强交通运输网络建设

加强中国同中亚国家间的道路连接，形成联通南亚、东南亚、东北亚的交通运输网。新亚欧大陆桥虽然将欧洲和亚洲连接在一起，但沿线各区域的经济发展水平却呈现出“U”形特征，即新亚欧大陆桥的两端是经济繁荣地区，但中间地段却存在一个由中国西部和中亚地区构成的经济拗陷带。应率先发展中国同中亚地区的交通运输联系，这对中国西部地区经济发展和产能释放具有重大而长远的意义。同时，还应不断强化中国与南亚、东南亚、东北亚各国在基础设施建设和交通运输合作方面的联系。

强化海上丝绸之路点轴建设，打造联通东亚—东南亚—南亚—西亚—中东—南欧的跨洲海上运输网络。“21 世纪海上丝绸之路”倡议的提出，将进一步加强东西方和沿线各国之间的经济、文化、政治交流。中国应本着“合作共赢、友好协商”的发展原则，积极发挥自身在资金实力、技术储备、管理经验方面的优势，不断提升同东南亚、南亚、西亚等国在海洋资源开发、远洋贸易运输、港口管理运营、沿海设施建设、大型船舶制造、海洋邮轮旅游等方面的合作力度，以东亚、东南亚、南亚、西亚、中南欧等为主线，以点连线、以线带面，最终实现“21 世纪海上丝绸之路”建设的宏伟目标。

（二）加强国家合作，创新合作机制

建立中国与中亚国家交通运输合作平台，创新"一带一路"交通运输业合作机制对于统筹和开发中国与中亚国家间的交通运输产业发展，具有重大意义。中国—中亚交通运输业合作机制的建立应分为两个方面：一是交通运输体制的建立，即运输合作组织职能和岗位责权的调整及配置；二是交通运输制度的建立，不仅包括交通法律法规，也包括各种规章制度。在利用好现有合作机制平台的基础上，不断创新合作模式，平衡各方利益，建立利益共享机制，加强国际间的合作。合作机制是保障，要建立标准化国际合作交流长效机制，争取与周边国家特别是"一带一路"沿线国家标准对接取得突破，推动我国交通运输重点产品装备、服务管理标准的国际互认。要以中蒙俄、中国—中亚—西亚等国际经济合作走廊为重点，寻求利益契合点，研究构建稳定通畅的标准化合作机制，探索形成沿线国家认可的标准互认程序与工作机制。

（三）发展多式联运，优化运输衔接

打通国际物流通道，积极建设国际物流园区、国际无税保税物流港区，构建现代化国际多式联运物流体系。通过政府间协商和企业化运作，依托物流通道建设，由中方投入资金、技术、设施，合作国给予土地、财税政策扶持，集中资金、技术、人才优势，在"一带一路"沿线国家及我国重点对外口岸，建立一批高标准、现代化国际物流园区。全面引领和辐射带动区域物流发展，同时通过发挥积极的国际示范作用，不断扩大我国海外国际物流园区投资建设规模和数量，完成覆盖"一带一路"沿线主要国家核心物流城市的国际物流园区体系。加强政策对接，在中亚五国、蒙古国等内陆国家的主要城市、工业基地、交通枢纽，选址建设若干国际无税保税物流港区，对接国内出海港口，建立"一对一""门对门"的专业物流服务机制，为内陆国家出海打开、扩展国际绿色通道，实现双赢发展。

（四）统一建设标准，减少硬件桎梏

"一带一路"建设的推进将给中国建筑业带来更多的发展机遇。目前在工程建设标准方面各国差距较大，发达经济体已经建立了相对完整的标准体系，而部分发展中国家和欠发达经济体在工程建设标准的制定和覆盖范围方面"还有很大发展空间"。通过"一带一路"倡议的实施，加强与有关国家在工程建设标准上的国际化合作，推动各国工程建设标准取长补短，促进工程建设质量安全水平整体提升。现在"中国标准"加速"出海"已有所进展。作为泛亚铁路中线的一部分，正进入实施阶段的中老铁路将全线采用中国技术标准，使用中国设备。实施"一带一路"倡议应充分考虑沿线国家的利益和诉求，经济技术发展具有优势的国家要帮着相对弱势的国家，努力缩小不同国家工程建设领域的差距。在"一带一路"建设推进过程中，必须解决标准这个重要问题，只有统一标准，才能够真正实现车行其道、货畅其流。

（五）创新投资运营模式，共建投融资平台

在"一带一路"基础设施互联互通中创新投资运营模式，提升投资者、运营商对"一带一路"基础设施建设投资的积极性。从全球经验来看，交通与物流基础设施建设投资大、回收期长，虽然是政府提供的公共产品，但其运营和服务往往需要由许多企业来承担。企业的积极参与，对基础设施投资及未来成功运营具有至关重要的作用。全球运输与物流网络的形成、基础设施的建设背后往往有许多国际或全球性运输和物流企业的参与。因此，各国政府在确保长期稳定的政治经济环境的基础上，也需要处理好政府之间、政企之间、投资和运营机构之间的关系，构建符合市场规则的投资运营模式，如 PPP 模式、BOT 模式、合资合作等，这是充分调动更多沿线国家乃至全球投资机构和企业参与基础设施建设和运营积极性，加快形成政府、投资主体、运营企业等各方共赢的新格局的关键。

"一带一路"沿线国家储蓄投资水平存在差异，而且分布具有不一致性。

通过共建投融资平台，扩大不同货币互换规模，提高结算效率，不但可以缓解重点建设项目的资金瓶颈，而且可以促进资金在该区域的有效配置，实现较高回报。沿线各国应积极参与亚洲基础设施投资银行和上海合作组织开发银行建设，探讨设立一批多双边共同开发合作基金，联合打造共商、共筹、共建、共营、共享的投融资体系和机制，有力支撑实体经济合作。

第三章

“一带一路” 能源项目落地的问题及对策

一、“一带一路” 能源合作项目的概况

（一）能源矿产投资项目

中国是富煤、贫油、少气的国家，油气产量远远不能满足国内经济增长的需要，需要大量依赖进口。随着中国经济的快速发展，中国油气进口量连年增加，尤其是原油对外依存度逐年攀升，到 2016 年已达 65.4%的高位。近年来，中资企业逐步加快了对海外油气的投资。《2017 中国油气产业发展分析与展望报告蓝皮书》指出，“十二五” 期间，中国石油企业海外油气产量以年均 1500 万吨的规模快速提升。截至 2016 年底，以中国石油、中国石化、中国海油为主的中国石油企业已在海外 50 多个国家拥有 200 多个油气投资项目[①]。表 3-1 显示了 2014—2016 年中资企业海外矿产能源投资项目数及投资金额，可以看出，油气投资无论是项目数还是总金额均居于首位。

① 中国石油新闻中心．中国原油对外依存度升至 65.4% ［EB/OL］．http：//news.cnpc.com.cn/system/2017/03/22/001640098.shtml.

表 3-1 2014—2016 年中资企业海外矿产能源投资项目数及投资金额

类型	2014 年		2015 年		2016 年	
	项目数（宗）	金额（亿美元）	项目数（宗）	金额（亿美元）	项目数（宗）	金额（亿美元）
油气	17	71.67	16	61.10	15	69.64
有色金属	11	83.11	13	22.97	14	57.04
稀有、稀土金属	2	5.10	2	5.92	4	15.36
黑色金属	4	13.47	6	7.86	7	12.53
贵金属	8	1.04	9	4.28	12	9.76
新能源	3	3.76	1	1.09	2	1.23
非金属	1	—	8	2.63	3	0.09
煤炭	2	13.11	2	1.10	1	0.03
宝石	—	—	2	1.70	—	—

2016 年，中资宣布和完成海外油气资源投资项目共 29 宗，投资总额为 114.14 亿美元；其中完成投资 15 宗，完成投资额为 69.64 亿美元。这些宣布和完成的海外油气投资项目主要集中于俄罗斯（5 宗）、加拿大（4 宗）和伊朗（3 宗）。从宣布和完成的投资金额来看，2016 年中资向俄罗斯、加拿大、委内瑞拉和伊朗 4 个国家的油气投资最多，占油气投资项目总额的 77%。

从已完成投资的项目来看，2016 年中资在加拿大、俄罗斯和澳大利亚完成的油气投资项目最多，分别为 4 宗、3 宗和 2 宗，其中，前两者的投资金额分别占油气投资总额的 34.3%和 30%。不难看出，2016 年中资海外油气投资更偏重于有着成熟的市场机制和完善法律体系的加拿大，同时对俄罗斯的油气投资也在逐年增加。

在油气投资中，三大石油公司（中国石油、中国石化、中国海油）历来主导着中国海外油气的投资，而近年来，越来越多的民企也加入海外油气投资的队伍当中，2016 年民企海外油气投资 33.1 亿美元，力压国企（13.1 亿美元）和基金（23.5 亿美元）成为 2016 年海外油气投资的主力军①。

（二）电力合作项目

电力是我国的优势产业，国家鼓励电力企业"走出去"，拓展国际市场，化解国内过剩产能。近年来，我国电力企业"走出去"的步伐不断加快，国际产能合作成效显著。

事实上，中国电力企业"走出去"已有 60 年历程，回顾这一历程，可以大致分为三个阶段②：

第一阶段，20 世纪 60 年代至 20 世纪末。中国电力企业多以经济援建形式参与国际水利电力项目建设，这其中以中国首个海外电力援助项目——几内亚金康水电站项目为代表，可以称之为萌芽阶段，这一阶段严格意义上来说不属于现在的"走出去"含义。

第二阶段，2002—2010 年的 10 年间。伴随着"厂网分开"改革的基本完成，国内电力市场逐步趋于饱和，各大能源和电力企业纷纷试水国际化战略，中国电力行业参与海外市场竞争的形式和规模不断增多并形成一定的品牌效应。例如，2010 年 12 月 9 日国家电网巴西控股公司正式揭牌成立、2012 年 9 月 6 日中国电建集团在赞比亚承建首个国际电站运行管理服务项目、2012 年 9 月 16 日华电印尼玻雅 2 台 66 万千瓦坑口电站购电协议签字等，这些都是其中比较典型的案例，此阶段可称之为突破与试水阶段。

第三阶段，2010 年至今。在国家"走出去"战略和"一带一路"倡议下，电力行业海外事业得到快速发展，涉及电网、发电、电建、电力装备等企业，业务也覆盖了装备制造、项目建设、企业运营等电力行业各个主要领域；与此同时，以"华龙一号"等为代表的一批中国电力技术、标准和咨询服务也进入国际市场，话语权、主导权日益明显，这一阶段为经验积累和打基础阶段。可以预计，随着电力企业国际化经验的不断积累，国家"一带一

① 《2016 年中资海外矿产能源投资报告》。

② 王志轩．中国电力企业开启"走出去"发展新篇章［J］．国家电网，2017（5）．

路"倡议的持续推进，电力企业"走出去"将会呈现出规模与效益并举的发展局面。

目前，能源电力企业在"走出去"的进程中，取得了一系列新成果、新突破。主要表现在以下四个方面：

一是对外投资规模不断扩大。根据中电联统计，仅2015年一年，我国电力对外投资项目共计68项，11家主要电力企业实际完成投资总额达28.98亿美元。以中国电建和中国能建为主力军的建设队伍，近年来海外项目连年递增，两大建设集团和主要电力企业对外工程承包在建项目数量达到1639个，在建项目合同额累计1547.71亿美元，2015年新签合同额合计472.05亿美元。2015年，境外工程承包带动电力设备出口超过100亿美元。2016年，中国电力企业共在52个"一带一路"沿线国家开展投资业务，其中投资额3000万美元及以上项目年度完成投资达39.56亿美元，涉及沿线10余个国家和地区①。

二是对外投资业务更加成熟。2016年，由中国发起成立全球能源互联网发展合作组织，搭建我国引领全球能源转型发展的国际平台，展现了中国电力行业对世界能源发展的责任感和使命感。对外投资与项目合作方面，与英国、阿根廷、沙特阿拉伯等国家签署一系列核电站项目开发、建设、技术等合作协议，英国政府也于日前正式受理"华龙一号"的通用设计审查申请，中国核电"走出去"取得重要成果；巴西美丽山水电站特高压直流输出项目获得线路环评施工许可证，全面进入施工阶段，标志着我国自主研发的世界最高等级的输电技术正式走出国门。签署埃及EETC 500千伏输电线路项目合同，中埃产能合作首个能源项目正式落地，将有力带动中国超高压输电技术、装备和工程总承包一体化"走出去"，务实推动中埃电力领域产能合作；中国第一个海外百万千瓦级IPP火电项目印尼爪哇7号2×1050兆瓦项目顺利开工、三峡国际海外投资发电装机过千万千瓦、中国电建海外在建水利水电工程合同金额超过2000亿元等，都充分说明中国电力企业海外业务的实力与成

① 中国电企去年在52个"一带一路"沿线国家开展投资业务［EB/OL］. http://www.sohu.com/a/166212484_257413.

熟度已得到进一步提升①。

三是对外投资模式更加多样。电力企业“走出去”，已由建设工程类“走出去”，向资金、设备、技术复合型“走出去”发展。投资模式有绿地投资、股权投资、BOT、BOO、BOOT、BOO、PPP 等。从 2012—2016 年的投资合作方式来看，主要电力企业投资方式中，BOT 类占 36%，资产并购占 26%，新建投资占 20%，直接投资占 17%，PPP 项目 1 例。2016 年，年度投资额达到 76. 55 亿美元，分别是 2013 年的 6. 84 倍、2015 年的 2. 82 倍；比前 4 年平均值 50. 71 亿美元高出 25. 84 亿美元。

四是对外投资领域更加广泛。投资领域包括风电、水电、火电、核电、输变电、矿产资源和水务环保等，涉及范围包括亚洲的越南、老挝、巴基斯坦、印尼、缅甸、以色列，美洲的巴西和加拿大，欧洲的法国和俄罗斯，以及非洲的南非和纳米比亚等国家和地区。在 2012—2016 年的 5 年中，电力企业对外投资 3000 万美元以上项目共 103 例，其中水电和清洁能源占 48%，火电占 21%，输变电占 16%，矿产资源占 9%，其他约为 6%。在工程承包方面，2016 年在 52 个“一带一路”沿线国家开展项目承包工程，其中大型承包项 120 个，合同 274. 72 亿美元，涉及 29 个国家。工程领域包括火电、水电、风电、太阳能、核电、输电工程、基础设施建设等。2012—2016 年的 5 年中，EPC 总承包是对外承揽工程项目的主要方式，占总工程数量的 76%，2016 年占到 80%。2012—2016 年电力设备与技术出口主要由直接出口和境外工程带动出口两种方式构成，且在前 4 年均以境外工程带动出口为主要方式。2016 年，首次出现直接出口金额高于境外工程带动出口金额②。

---

① 王志轩. 中国电力企业开启“走出去”发展新篇章［J］. 国家电网，2017（5）.

② 王怡灵. 电企成为中国企业“走出去”的主力军［N］. 中国电力报，2017-2-22.

二、能源项目存在的主要问题

（一）能源投资项目对东道国政治风险更加敏感

中国企业赴海外“走出去”，普遍面临着东道国国家政治风险、经济风险、法律风险、社会风险和环境风险等一系列风险。据《企业国际化蓝皮书：中国企业国际化报告（2014）》分析，2005—2014 年发生的 120 起“走出去”失败案例中，有 25%是政治原因，其中 8%的投资项目在审批环节因东道国政治派系力量的阻挠而失败，17%是在运营过程中因东道国政治动荡、领导人更迭等原因而遭受损失。

而能源投资项目因其自身特点和属性对东道国的各种风险更加敏感，且更易遭遇政治因素的阻碍。能源在某种程度上代表了一个国家的生命线，因此对能源的开发具有一定的战略意义。能源矿产资源一般都掌握在东道国政府手中，即使企业已支付了大额的勘探补偿费或矿权费，仍存在项目被征收的风险。而且，能源投资项目往往涉及金额大（单笔投资数亿美元）、回收周期长，一旦投资国发生政局动荡或者因罢工、内乱、暴力冲突等事件破坏了社会政治经济秩序，投资者将遭受损失；而一些东道国政府为了获得更多利益而修订投资政策，或者新旧政府更替导致政策不可持续，项目即使已投标成功或者在建，仍会面临取消或被停止的风险。

此外，“国字号”背景的企业在海外能源矿产资源投资中可能会引起东道国政府及民众的警惕甚至排斥，而并购区域过于集中也会引起戒备，东道国出于本国利益的考虑，会加大对中国投资活动的审批程度难度，甚至进行政府干预和政府违约。这样的案例并不少见，2005 年 1 月，美国政府以“国家安全”“国有公司”和“政府补贴”等原因驳回中国海洋石油有限公司收购优尼科公司的请求。2009 年 3 月，澳大利亚政府因强调“威胁国家安全”而否决了中国五矿集团公司全面收购 OZ 矿业的提案。2009 年 6 月，中国铝业公司巨额注资全球矿业力拓集团，遭到澳大利亚官方反对，最终以力拓集团支付 1.95 亿美元的分手费而告终。

（二）能源企业竞相出海，恶性竞争问题凸显

越来越多的中国电力企业"走出去"，在掀起了一波海外投资浪潮的同时，扎堆竞争的现象也愈加严重。目前，除了国家电网等一部分"走出去"的电力企业取得了较好的投资收益和综合收益外，更多的初步进入国际市场的电力企业把争取参与国际市场竞争的机遇和提高能力作为当前的主要目标，普遍存在着为了"走出去"而走出去，为了"国际化"而国际化的现象。这种目标直接导致了在国际市场中，中资企业间的无序竞争和恶性竞争现象屡现。例如，在非洲、拉美地区基础设施领域的电站、大坝建设等项目上，经常出现几家中国企业同时竞标；南亚、东南亚地区火电 EPC 项目上，中资企业竞争近乎"白热化"；光伏组件市场，国内企业通过打价格战争夺国际市场。一些企业为了拿到订单，采取低价策略，不断降价，造成恶性竞争，使中国企业蒙受巨大损失。而一些国有企业在海外的恶性竞争，大大抬升了市场成本，变相导致了国有资产的贬值。

另外，由于缺少一个有效的信息发布平台，以及各机构、部门、政府和企业之间缺乏沟通，导致企业往往信息收集不全和信息掌握不足，造成很多重叠项目、重复建设，资源浪费等现象，直接催生了"内讧"和"扎堆"，极大损坏了中国企业的形象。

（三）标准缺位掣肘中国电力"走出去"

近年来，我国电力企业在海外成功建设一批具有世界影响意义的电站工程，特别是水电站建设，完成的工程在数量和规模上都居世界首位，水电站大坝高度已达 200 米以上。但我国的行业地位尚未被认为是世界一流，主要原因在于我国电力行业的技术标准还未全面"走出去"，业内话语权并未随着国际工程量实现正比增长①。

① 王瑞华，郦颂东．推动技术规范"走出去"引领电力企业扬帆出海［J］．中国电力企业管理，2017（13）．

目前大多数海外电力项目是承包商提供“设计+ 施工+ 融资”一体化集成服务，类似“设计、采购、建造和融资（EPC+F）”模式。这种模式对中国电力企业来讲已经驾轻就熟，但在海外电力项目实际执行过程中，却遭遇到不能按合同工期执行而使工程成本大大增加甚至被业主索赔、扣保函等事件发生。其中主要原因之一是，我国的建设团队采用国内技术标准进行设计后，设计成果提交到业主方不能得到顺利批复，造成时间上的拖延。因为业主方负责审批设计文件的人员大多是西方工程师，他们熟悉西方国家的技术标准，不熟悉我国的技术标准，在审批设计文件时存在技术标准不能有效对接的问题。另外，即使一个项目经过几年的磨合，国内的技术标准在该项目上得到了认可，但是下一个新项目却又因承包商和业主方的变化，国内标准的认可度重新归零。这些情况普遍存在于中国电力企业的海外项目中，周而复始，使我国承包商产生了巨大的利益损失。导致技术标准不对接的老大难问题的原因，是我国电力行业的技术标准并没有真正“走出去”，技术规范未得到国际社会的普遍认可。

（四）融资难是新能源企业“走出去”的绊脚石

现在，金融机构的政策逐渐收紧，贷款条件变得苛刻，融资之路困难重重。融资难成为我国能源企业“走出去”的最大阻力。而相比于传统能源项目，新能源项目在融资方面则面临更大困难。首先，新能源项目的特点决定了其融资困难。新能源项目一般具有投资规模大、建设周期长、投资见效慢、技术含量高、风险因素多等特点，新能源的高技术性特点要求资金大量用于研发，但技术创新具有很大的不确定性。新能源企业的早期投资往往成为净投入，只有连续不断的投资才有可能实现产出，技术的不确定性和收益的滞后性决定了新能源企业融资困难。其次，融资渠道单一。中国当前新能源对外投融资渠道仍较为单一，办理手续烦琐，现有的以国有银行、商业银行等为主体的融资体系已不能满足当下灵活多变的投资需要。特别是民营新能源企业或中小型新能源企业，常常因为资金缺乏而与商机失之交臂。最后，融资成本高。我国对新能源长期出口信贷美元利率并没有明确规定，一般在5%

~6%。而美日等国对新能源项目出口信贷美元利率在1%~3%。而且偏高的出口信用保险费率则进一步提高了融资成本。

(五)国际化创新能力不足，西方跨国公司竞争压力大

西方发达国家在能源丰富的多数东道国已经营多年，占据了有利的地位。因其起步早、规模大、资源能源类跨国投资经验丰富，而在全球能源行业市场中处于绝对优势地位。中国企业在管理体制、技术创新和员工能力方面都不足以应对国际化可持续发展的需要。

中国能源企业现行的体制机制、管理流程在应对复杂多变的国际能源市场环境方面不够快速灵活，特别是与全球一流的跨国公司相比，中国企业未能在法律、财务、人力资源、采购等方面建立起全球统一标准的共享管理和服务体系，管理效率有待提升。技术创新能力和在特殊领域的技术水平还不足以支撑中国能源企业海外投资业务的可持续发展。“一带一路”沿线地区，不管是传统的化石能源还是新能源领域，资源潜力都非常大，但是对技术的要求也越来越高。而我国电力行业近年来在技术和装备制造上都已取得重大进步，但总体仍处于能力和质量的提升期，特别是基础研究、研发能力、工艺成熟性、质量稳定性、设备可靠性等方面与欧、美、日等发达国家仍有一定差距。另外，国际化管理人才缺乏、“走出去”人才队伍建设跟不上等对海外业务发展的影响越来越明显。

三、能源项目落地的对策与建议

在国家强有力的能源外交之下，能源企业“走出去”靠的不是运气和勇气，而是在顶层设计和统筹规划之下，依靠有成本优势的技术、先进的管理经验和知识丰富的管理人才等利器才能扬帆出海。企业在“走出去”之前要做好充足的准备，砥砺深耕，通过时间和经验的积累，才能结出丰硕的果实。总体而言，增强能源项目在“一带一路”的可持续发展，可从五个方面着手。

（一）熟悉东道国投资环境，做到心中有数

考虑到能源项目对于东道国的政治、经济、社会风险的高敏感性，企业在进行海外能源投资项目时，务必要做好充分的前期调研工作，要针对特定区域及具体领域做具体分析，在多方面分析和信息掌握到位后再进行投入，做到心中有数，知己知彼，百战不殆。

第一，对东道国的投资环境进行整体把握，包括最基本的熟悉当地的法律法规、能源政策与规划，熟悉当地政府办事流程和效率等，掌握“游戏规则”。第二，针对“一带一路”沿线国家的新项目，无论投资收益率多高，首先要充分评估项目所在国的政治风险和安全风险。要做好对外投资风险的识别、分析、评估、预测、预防、监控，制订事前、事中和事后应对预案。第三，聘请专业公司合作协助规避汇率风险、政策风险、市场风险，或者聘请当地税务咨询机构、律所、会计师事务所提供咨询，做到风险控制就地化管理。第四，从企业自身发展战略出发，仔细甄别投资机遇、稳扎稳打、步步为营，切忌盲目跟风，应选择合适的时机进入特定市场，实现预期目标。

另外，中国能源企业在参与海外并购时，要对可能存在的阻碍进行预测。通过沟通宣传令投资国政府和人民充分了解中国企业的并购动机，大力营造互利双赢的和谐氛围，最大限度地降低其对中国的误解和戒备心理，充分利用国际社会友好组织的帮助，消除恶意阻挠并购的各种力量的影响。除此之外，还应注重加强各种形式的能源公共交流，建立高规格的民间对话机制，尽量减少彼此的猜疑和隔阂。

（二）打造创新产业链合作，编队出海

现阶段，能源企业已经意识到在海外恶性竞争对企业“走出去”的不利影响，因此在“走出去”的过程中，如何改善各自为政、单打独斗、恶性竞争的状况，形成“抱团取暖”的“走出去”新格局，基本原则是优势互补、资源共享、深化合作、协同发展。

首先，应进一步强化行业联盟的资源整合力度，形成更大的协同效应，

强化技术研发方面的优势互补，推动技术融合和研发合作，以协同创新的力量，在全球化竞争中赢得先机①。其次，强化产业链之间的合作，提高产业链协同力度，形成会员企业彼此间的配套互补能力，发挥整体优势。再次，强化市场方面的深度合作，通过联合开拓市场、联合采购、共享实验、检测设备、共享数据库等基础设施，降低创新成本。最后，强化技术标准方面的合作，在充分合作知识产权的前提下，加强创新技术的合作力度与商业化应用能力，让综合成本更低、产品品质更优、参与全球市场竞争的能力更强。

另外，能源企业还应利用好国外资源，认清当前的行业形势，结合自身优势，积极参与国际分工，整合东道国地缘、人力资源、技术及资本等优势，紧扣价值链的核心环节，在国际产业链上寻求最佳增值点，进而在国际竞争中获得规模经济效益，实现产业链低端到中高端升级，从产品优势到全产业链优势的过渡。

（三）能源“走出去”，标准须先行

标准是国际贸易的通行证。中国电力企业如何才能在“一带一路”倡议中可持续性地“走出去”，要谋定后动，从高端切入，让规划和标准先行。一是要深入系统地研究我国有关国际标准化工作的规定，熟悉国际标准化组织的工作目标、宗旨、规则、程序，以及技术政策和编写体例等②。二是以国际化的视角，整合升级中国电力行业相关技术标准，并进一步加强中国规范在全球范围的适用性研究。三是持续加强对中国电力行业技术标准的宣传和解释工作。在项目执行过程中，对中国标准的使用应与业主进行充分沟通。然而，行业规范“走出去”仅靠分散的承包工程企业推动是很艰难的，应该由行业及标准的管理部门或者相关行政部门在各种平台宣传我国的技术标准和规范，对应用我国技术标准施工的项目应给予相应的资金支持或奖励措施。四是抓紧培养复合型、国际化、标准化技术专家。亟须培养一批懂外语、懂电力、

---

① 谢云. 新能源企业“走出去”，如何做才有发展［J］. 国际融资，2017（3）.

② 岳蕾. 加大水电技术标准国际化研究　助力中国水电“走出去”［J］. 工程建设标准化，2017（6）.

懂标准化的高端国际型、复合型、标准化技术专家。在这方面，国际标准化管理委员会近年来组织开展了一系列的国际标准化培训，电力行业各领域的技术专家应积极参与其中，以便及时了解国际新动向，不断提升工作能力。

（四）加强金融合作，支持能源企业"走出去"

投融资合作包括两方面问题，一是解决投融资主体，海外能源项目大多实质存在投资主体不足现象，投融资构建应先有融资再有投资，这样有利于框架形成。二是投融资里面高效低成本的资金供应是问题本质，谋求发展既要靠大决策的指挥往上走，也要靠降低成本。目前世界经济周期性波动非常大，谁有成本优势谁就有发展，而中国企业境内外在成本上要相差一倍。

在融资方面，除发挥国有政策性银行的作用外，国有及非国有商业银行等金融机构也应加大对新能源企业对外投资的扶持力度，加大外汇储备，增加对企业"走出去"的支持，鼓励更多社会资源加入帮扶新能源企业的力量中。新能源产业应抓住对外投资的大好时机，特别是当前"一带一路"建设的发展机遇，创立自身品牌、树立良好形象，积极寻求与丝路基金、亚投行等机构的联系及合作，加强与中国内外金融机构的对接，突破融资瓶颈，寻求发展新路。

而对于民营企业，要注重加强与金融机构的沟通和互信。金融机构要做好民营企业"走出去"的钱袋子，双方需要有一个互相沟通、建立信任的过程。以光伏行业为例，企业"走出去"往往面临着复杂的国际环境，各个国家的政策、法律、民情等都不一样，而金融机构对企业所面临的各种风险并没有充分了解，因而往往持保守态度，如果企业可以及时把情况反馈给金融机构，金融机构经过一段时间的消化分析，对这种业务的接受和贷款效率就会提高。

（五）能源企业自身须苦练内功，提升国际竞争力

首先，要完善管理制度、强化管理能力。在经营管理理念与管理体制机制方面应学习和借鉴西方跨国公司的经验，提升自己的管理水平。其次，要

注重技术研发和创新能力的培养，打造核心竞争力。我国新能源产业要在技术创新能力、关键性装备、材料突破等方面进一步提升竞争力，着力解决各行业领域的技术痛点和难点，争取有所突破。中国新能源企业不但要持续做大，更要持续做强，不但要规模增长，更要有质量地提升。再次，加强跨国经营人才培训，构建国际化专业人才队伍。要锻炼出一支以熟悉国际商务运作、精通资本与技术管理、擅长解决复杂矛盾的国际化经营管理团队。最后，进行属地化经营，融入当地发展，履行当地社会责任。能源企业“走出去”的过程中，应充足利用当地资源，在工程承包、劳务合作、对外投资等业务方面通过与当地合作发展的属地化经营方式，实现拓展市场、提升竞争力、规避风险的目标。同时，要注重积极回报当地社会，保护当地生态环境；尊重当地文化习俗，与当地民众保持友好的关系；依法经营、重信守诺、服务当地社会。

第四章

“一带一路” 产业园区项目落地的问题及对策

一、产业园区项目的现状

境外经贸合作区是我国按政府主导、企业决策和市场运作原则进行的对外投资和国际合作模式。据商务部统计，2006—2016 年我国企业已在 36 个国家建立 77 个合作区，其中通过商务部和财政部考核认定的境外经贸合作区 20 家，累计投资 241.9 亿美元，入园企业达到 1522 家，总产值 702.8 亿美元，上缴东道国税费 26.7 亿美元，为当地创造就业岗位 21.2 万个①。目前已形成一批基础设施完备、主导产业明确、公共服务健全，具备高产业集聚力和区域辐射力的园区项目，园区主导产业类型包括加工制造、资源利用、农业产业、商贸物流和科技研发。

这 77 家合作区主要分布在“一带一路”沿线国家，有 56 家在建合作区位于“一带一路”沿线国家内，占全国在建境外经贸合作区的 72.72%。“一带一路”沿线的境外经贸合作区累计投资 185.5 亿美元，入园企业达到 1082 家，总产值为 506.9 亿美元，上缴东道国税费 10.7 亿美元，为当地创造了 17.7 万个就业岗位。

---

① 商务部网站. http：//www.mofcom.gov.cn/article/ae/ai/201702/20170202509650.shtml.

从我国已认定的20家境外经贸合作区的发展情况看，具有一些显著特征（见表4-1）。

表4-1 20家通过确认考核的境外经贸合作区简况

位置	编号	名称	境内实施企业	投资来源地	规划面积（km^2）	主导产业
东盟（东南亚）	1	柬埔寨西哈努克港经济特区	江苏太湖柬埔寨国际经济合作区投资有限公司	无锡市	11.13	纺织服装、五金机械、轻工家电
	2	泰国泰中罗勇工业园	华立产业集团有限公司	杭州市	12	汽配、机械、家电
	3	越南龙江工业园	前江投资管理有限责任公司	温州市	6	电子、机械、轻工、建材、生物制药、农林产品加工、橡胶、纸业、新材料、人造纤维
	4	老挝万象赛色塔综合开发区	云南省海外投资有限公司	昆明市	11.49	能源化工、农畜产品加工、电力产品制造、饲料加工、烟草加工、建材科技、物流仓储等
	5	中国·印尼经贸合作区	广西农垦集团有限责任公司	南宁市	5	汽车装配、机械制造、家用电器、精细化工及新材料
	6	中国印尼综合产业园区青山园区	上海鼎信投资（集团）有限公司	上海市	20	镍铬铁矿开采、冶炼及下游板材加工、钢管制造等
	7	中国·印尼聚龙农业产业合作区	天津聚龙集团	天津市	4.21	棕榈油全产业链
中亚	8	吉尔吉斯斯坦亚洲之星农业产业合作区	商丘贵友食品有限公司	商丘市	5.67	农业种植、农产品加工、物流仓储、农机配件等

续表

位置	编号	名称	境内实施企业	投资来源地	规划面积（km^2）	主导产业
中亚	9	乌兹别克斯坦"鹏盛"工业园	温州市金盛贸易有限公司	温州市	10.2	家电、汽车、纺织、建材、化工等
南亚	10	巴基斯坦海尔—鲁巴经济区	海尔集团电器产业有限公司	青岛市	2.33	家电、汽车、纺织、建材、化工等
欧盟	11	匈牙利中欧商贸物流园	山东帝豪国际投资有限公司	临沂市	0.75	会展、仓储、商贸物流
	12	中匈宝思德经贸合作区	烟台新益投资有限公司	烟台市	4.18	化工、生物化工
俄罗斯	13	俄罗斯乌苏里斯克经贸合作区	康吉国际投资有限公司	牡丹江市	2.28	木材、建材、皮具
	14	俄罗斯中俄托木斯克木材工贸合作区	中航林业有限公司	烟台市	6.95	木材、建材
	15	中俄（滨海边疆区）农业产业合作区	黑龙江东宁华信经济贸易有限责任公司	东宁市（牡丹江市代管）	2.07	种植业、养殖业、加工业、仓储物流
	16	俄罗斯龙跃林业经贸合作区	黑龙江省牡丹江龙跃经贸有限公司	牡丹江市	9	木材精深加工
非洲	17	赞比亚中国经济贸易合作区	中国有色矿业集团有限公司	北京市	17.28	有色金属矿冶、加工、衍生产业
	18	埃及苏伊士经贸合作区	中非泰达投资股份有限公司	天津市	10	新型建材、纺织服装、电器设备、石油装备产业等

续表

位置	编号	名称	境内实施企业	投资来源地	规划面积（km^2）	主导产业
非洲	19	埃塞俄比亚东方工业园	江苏永元投资有限公司	张家港市	5	纺织、皮革、农产品加工、冶金、建材、机电产业
	20	尼日利亚莱基自由贸易区（中尼经贸合作区）	中非莱基投资有限公司	北京市	30	生产制造业、仓储物流业

从规划面积看，大小不一，但主要集中在10平方公里和5平方公里左右的规模，说明企业抱团出海需要一定的规模，园区的产业集聚具有一定的空间分布规律。

从开发进度看，已有数据显示，园区已开发面积已达到规划面积的30%～50%，部分园区进入二期、三期规划建设，说明“一带一路”的园区的可持续性问题急需解决。

从园区集中地看，主要集中在亚洲、欧洲和非洲，亚洲集中了50%的境外经贸合作区，其中东南亚有7家、南亚有1家、中亚有2家，欧洲的中国境外经贸合作区占30%，集中在俄罗斯和匈牙利，俄罗斯有4家、匈牙利有2家，非洲的中国境外经贸合作区占20%，分布于不同的非洲国家，不同于欧洲的集中分布，反映了我国推动全球化的布局。

从园区主导产业看，除匈牙利中欧商贸物流园外，其余的境外经贸合作区主导产业集中在农产品加工、纺织服装和家电装配等劳动密集型的轻工业及能源集中度要求较高的重化工业，反映出我国抱团出海的产业以人力成本和资源导向型为主。以俄罗斯为例，4个合作区均集中在农林业，反映出我国与俄罗斯之间的经贸合作平台主要基于俄罗斯本国的自然资源。

从资金来源地看，投资境外经贸合作区的国内资金来源地也呈明显的区域分布，投资非洲的资金主要来自国资背景的北京和天津，投资东南亚、南亚及中亚的资金主要集中在江浙地区和西部地区，且民营资本占绝对优势，我国投资欧盟及俄罗斯的资本分别集中在山东和黑龙江，民资、国资均有参与。这说明我国投向不同区域的产业资本有不同的导向原因：①我国在亚洲的境外经贸合作区以长三角的民资最为突出，国内这些地区在全球寻求产业成本洼地，同时也是我国产业向外转移的主要区域，这种布局说明"一带一路"的境外园区建设有充分的内生动力，"一带一路"倡议是顺应我国国内经济发展需求的。②我国在非洲的境外经贸合作区以北京、天津的国资最为突出，说明目前我国对非投资仍然是政策导向为主，通过国有资本的引导，向非洲进行战略布局的格局逐渐显现。③我国在欧洲的境外经贸合作区既有国企，也有民企，说明我国与欧洲的合作是上下协同作用的结果，国家积极促进中欧之间的产业合作，国内的产业资本也有与欧洲深度合作的需求。

除以上通过认定审核的境外经贸合作区外，目前"一带一路"沿线国家还有众多产业园区项目在建，如埃塞俄比亚的德雷达瓦经济特区、刚果（布）黑角经济特区、肯尼亚 Kilifi 产业园区及韩国韩中工业园等，这些园区项目也正在规划、建设中，也已取得了一定的成绩。

埃塞俄比亚的德雷达瓦经济特区项目已进入二期规划，项目对埃塞本国的经济有良好的促进作用，为当地创造了大量正式就业岗位，并且培训了熟练的产业工人和培育了工业体系基础，加深了中埃之间的产业合作，途经该园区项目、中国帮助建设和运营的亚吉铁路也已于 2016 年开通，将埃塞的德雷达瓦经济特区纳入亚吉铁路经济带规划中，利用吉布提优良的港口和埃塞俄比亚与非洲、欧盟及美国良好的贸易条件，中资入园企业能很好地通过该产业平台进入欧美市场。

刚果（布）黑角经济特区是我国与刚方国家层面的合作项目，我国以深圳经济特区建设的成功经验提出中国方案，帮助刚方建立完善的《经济特区法》和提供经济特区全方位规划，为项目落地提供保障，但项目进行过程中也遇到了一些困难，如刚果（布）内阁 2016 年的重组就在一定程度上影响了项目进度。这反映出我国在境外产业园区项目中，政治、经济、社会造成的系统性风险尤为突出，国内资本在出海过程中需要从政治、法律、税收、外汇、产业上全方位地考虑。

韩国中韩工业园以汽车、摩托车、船舶零部件，以及生物技术、物流和批发业为主导产业，规划面积3.96平方公里。分三期建设，其中一期规划了1.98平方公里。该工业园不同于我国境外经贸合作区传统的资源、市场导向，而是以技术为导向，其为我国入园企业提供了学习东道国先进技术和管理经验的机会，通过聘用当地高技术的劳动人才和科技人才，学习和吸收当地先进的技术和管理模式，实现投资企业的产业结构优化，提升企业的整体竞争力。

我国境外园区的分布具有显著的产业集聚化、资本区域化、空间布局规模化等特征，传统的园区以规避贸易壁垒，市场导向型、资源开发型和出口导向型为主。根据我国在"一带一路"沿线国家新建产业园区项目分析，园区除了传统目标以外，还出现了技术研发型园区。由此可知，"一带一路"产业园区在发展过程中，不仅规模、数量在增加，产业发展也在不断提升，由资源、市场向技术升级，反映出我国进一步的对外开放有了新的方向和动因，影响我国对外开放新格局的构建。

二、产业园区项目存在的主要问题

"一带一路"的境外园区项目带动了东道国经济、社会的发展，也提高了我国对外开放的层次，但园区项目仍然有许多问题亟待解决，以更好地加快我国与全球合作的进程。"一带一路"园区项目依据我国园区开发经验，需经历完整的园区生命周期，包括投资（开发）阶段、建设阶段、运营管理阶段，不同阶段面临的问题存在显著的差异性。

（一）"一带一路"园区项目大多仍处于投资（开发）阶段，这一阶段亟须解决的突出问题是衡量投资可行性和明确产业选择

首先，衡量投资可行性需要充分考虑项目的投资成本、投资盈利和投资风险。这与园区开发商的投融资能力、东道国基础设施配套能力、东道国土地成本、东道国税收优惠政策、东道国政局稳定性、东道国与我国的关系密

切相关。以我国在非洲的项目为例，刚果（布）的黑角经济特区、埃塞俄比亚的德雷达瓦经济特区项目均在投资（开发）阶段面临东道国缺乏基础设施配套能力，导致开发成本需要对土地开发、基础设施、公服设施、商服设施进行全覆盖，如东道国不提供较低的土地价格和对园区开发商的优惠税收政策，则会对园区开发商的投融资能力形成极大压力。东道国的政局稳定性对我国“一带一路”园区项目有重大影响，东道国如战乱不断或者政府更迭频繁，则会导致东道国对外资的总体政策和特定项目的措施朝令夕改，直接导致“一带一路”园区项目的投资风险上升，以中国在巴基斯坦、中国在刚果（布）和中国在印度的园区项目为例：巴基斯坦与阿富汗、印度之间错综复杂的关系，以及 2017 年穆盟（谢里夫派）的贪腐案；2017 年刚果（布）总理辞职、内阁重组；2017 年印度非法越界，进入我国洞朗地区，中印对峙 2 个月。这些现象反映出“一带一路”沿线的部分东道国仍然处于战乱、政局不稳和与中国关系紧张的状态，园区项目在推进过程中面临较大的政治风险。

其次，“一带一路”境外园区的入园项目大多数属于加工贸易类型，因此，园区要能实现持续经营，需要在投资（开发）阶段就明确产业定位，但目前中亚和非洲大多数的东道国仍处于工业化初级阶段，工业体系尚未建立和完善，缺乏产业配套，难以快速形成产业链，尽管劳动力充足、价格低廉，但严重缺乏稳定就业的熟练工人，严重制约了产业选择的范围。

（二）建设阶段主要面临建筑材料无法保障和劳动力市场不成熟问题

一方面，由于东道国的配套基础设施极度匮乏，导致绝大多数境外园区项目均需配套基础设施、公服设施、商服设施，供水厂、电厂、污水处理厂等全部需要在园区内新建，除导致投资（开发）阶段的成本高企问题，还会在建设阶段面临建材缺乏的局面，如中国在非洲的园区项目，在建设过程中所需的钢铁、水泥均要从中国进口。以埃塞俄比亚的阿瓦萨工业园为例，建设所需钢铁均来自中国首钢，这些进口建材的优惠税收政策需要与东道国政府协商。

另一方面，劳动力市场不成熟也导致项目建设期困难重重。据“一带一路”园区项目经验值显示，中国建设的境外园区需要输出10%的中国技术工人，承担项目建设的关键技术环节，90%的工人需来自东道国劳动力市场。中亚、南亚、东南亚和非洲等地严重缺乏具备熟练技能的工人，这些工人普遍劳动效率不及国内的70%，并且缺乏稳定就业的习惯，旷工、偷懒现象时常发生，导致园区建设阶段的总用工成本不降反升。

（三）运营阶段是境外园区项目可持续经营的关键阶段，这一阶段面临最突出的问题是招商引资

境外园区项目的招商引资就涉及产业选择、东道国的国际经贸关系、东道国产业配套能力、东道国外汇制度、东道国劳动力市场和东道国的政府服务能力。

第一，产业选择是核心。东道国缺乏产业链配套和完整的工业体系，导致在产业选择中，大多数偏向于产业链条较短、上下游配套要求较低的产业，这就限制了招商引资、产业选择的范围，如非洲国家缺乏完整的产业体系，我国境外园区引入产业资本时，只能选择发展技术含量较低、配套要求较少的纺织服装、农产品加工、食品加工、皮革制品、轧钢等生产环节。

第二，劳动力市场是支撑。东道国的劳动力市场不成熟是境外园区项目运营的主要挑战，除欧洲以外的“一带一路”沿线国家均有劳动力价格和规模优势，价格低廉、劳动力年轻化，但主要的问题是这些国家的劳动力教育水平较低，严重缺乏熟练工人和稳定就业的习惯，园区入园企业很难招到充足的、稳定就业的、具备熟练技能的工人。我国在非洲和南亚的园区项目这一问题比较突出，劳动力分散、懒散，劳动效率、劳动技能低，使用工成本隐性上升，这对以发展劳动密集型产业为主的“一带一路”境外产业园区有严峻的负面影响。

第三，东道国国内市场和国际经贸关系是关键。由于“一带一路”沿线的园区入园产业项目以外向型为主，东道国本身的市场容量和国际经贸关系

就成为影响园区招商引资的又一重要因素。如埃塞俄比亚是东部和南部非洲共同市场的成员国，对其余18个非洲成员国家享有免关税、免配额的优惠政策，同时还是欧盟的“除武器外全部免税”倡议（EBA）的合格受惠国、美国“非洲增长与机遇法案”（AGOA）和“普遍优惠制”（GSP）的政策受惠国，享有向发达经济体出口免关税、免配额政策，这些国际市场准入优势对园区招商引资有良好的促进作用，但是也有些国家不具备。

第四，东道国的外汇政策是基础。东道国的外汇政策包括本国货币稳定性管理，本国货币与人民币、美元之间的兑换自由度等，东道国汇率波动大会导致境外园区投资收益的风险高企，本国货币与外币兑换管制严格，会导致境外园区的收益难以汇回，也会影响境外园区的持续性投资。例如，乌兹别克斯坦的汇率存在官方汇率和黑市汇率，导致很难换汇，影响我国向该国的投资；埃塞俄比亚的外汇有限，允许园区企业汇入自由，但是由于该国外汇储备有限，因此中资企业利润、资本金很难实现自由兑换，根据世界银行统计，2013—2015年埃塞俄比亚外商直接投资的利润汇出均为0。

第五，东道国的政府服务能力是保障。东道国政府的清廉程度、行政效率、政务完备度、政策执行度均对境外园区项目的顺利运营有重要的影响作用。以非洲的埃塞俄比亚和刚果（布）为例，两个国家的政府清廉度形成鲜明对比，埃塞俄比亚政府是非洲最廉洁的政府，政府的行政效率最高，并且有较高的政策执行力，能通过政府力量推动、保障境外园区项目的建设、运营，而刚果（布）政府的廉洁度较低，政府官员对境外园区的态度不明朗，政局存在严重的利益分化，导致境外园区项目不仅需要权衡经济效益，更需要考虑政治风险，而政治风险无法通过项目本身分散。

三、产业园区项目落地的对策与建议

为促进“一带一路”境外园区的可持续发展，针对园区在投资（开发）、建设和运营管理全生命周期的阶段性突出问题，根据境外园区全生命周期发展的经验和国内建设园区、特区的成功方案，我们提出一个体系和四个输出的路径，有效规避和正确处理可能遇到的困难，以实现中国方案的有效落地。

（一）以“123”体系搭建园区出海的全面保障

“123”体系的“1”即一个政策法规建议；“2”即两个规划：产业规划和空间规划；“3”即三个报告：投资可行性报告、运营管理方案报告和融资方案报告。

第一步，与东道国商定境外园区的定位，提供《经济特区法》（建议）和《产业园区法》（建议），确定中资进入东道国在土地获取、税收优惠、进出口待遇、换汇政策、基础设施投资、工人雇佣等方面的权利和义务，为投资（开发）阶段和运营管理阶段提供较低的建设、运营成本和较高的政策优惠待遇。第二步，根据东道国自身的资源、区位和贸易条件制定产业规划和空间规划。产业规划既能充分发挥东道国自身的优势，也能为园区将来运营阶段的招商引资明确对象，同时还能为空间规划提供依据，是园区可持续经营最重要的保障；空间规划是根据园区土地选址情况，充分调研地块基础设施、公共服务和商务服务已有的配套能力，结合园区功能定位和产业规划，确定园区的总体空间布局和建设阶段应建设的厂房及配套的基础设施、公共服务设施和商务服务设施。第三步，制定三个报告，包括投资可行性报告、融资方案报告和运营管理报告。根据经验，一般境外园区均采用滚动开发模式，因此园区从建设阶段即可有收支现金流，投资可行性报告根据空间规划计算所需的总投资额和投资时序，还根据项目的具体情况计算投资期、回收期和投资收益率、风险收益率、社会收益率，为制定融资方案报告和运营管理方案报告提供依据；融资方案报告根据境外园区所需投资总额和投资时序，结合我国政策性银行、主权基金、投资商自有资金规模、园区开发模式等制订具体融资方案；运营管理方案包括行政管理、商务运营和公共事业管理，确保园区入园企业能获得全面的服务，既能提高境外园区的招商引资能力，也能提升园区的持续经营能力，保障投资回收和项目盈利。

（二）境外园区的持续性，除保障单个园区项目全生命周期的财务可持续性外，还需要从宏观上实现全链条输出：产能输出—劳动力、资本输出—标准输出

产能输出一方面能促进我国成熟产业的外溢型扩张，凭借我国成熟产业在国际市场的优势通过境外园区规避国际贸易壁垒、降低物流成本，提升国际竞争实力，另一方面能帮助"一带一路"沿线国家培育产业生产能力、配套能力，通过产能输出实现双赢。

劳动力输出和资本输出是产能输出的途径，以适应我国新形势下对外开放模式由"引进来"向"走出去"转型，以资本输出保证境外园区的投融资能力、以劳动力输出保证境外园区项目的管理水平、以劳动力输出保证关键技术满足规划定位需求，并助力标准的输出。

标准输出是境外产业园区项目的高级阶段，从园区的规划标准、建设标准、运营标准，到产业的生产标准、基础设施的标准，全方位地通过产业园区平台对接国内，为中国境外园区的可持续性经营提供软硬件保障，并为中国进一步的对外开放准备好投资环境。

中篇

战略对接

第五章

“一带一路” 倡议对接： 西欧和北欧

亚投行的成立使西欧国家成为“一带一路”最重要的朋友圈，可以看出西欧国家高度重视中国市场以及“一带一路”倡议为其带来的战略性机遇。相比于其他国家和地区，西欧与北欧国家大部分都是高度发达经济体，在高科技、精密加工等高科技产业和文化创意、金融和教育科研等方面已经具有超强的竞争力；而高调“走出去”的中国的一些产业，如高铁、精密机械、造船业、大飞机与核电等，无疑给欧洲国家造成了相当大的竞争压力。

另外，随着欧美关系不确定性的加剧，对于更深入的欧亚跨大陆经济一体化而言，“一带一路”的长远愿景对一些欧盟成员国更有吸引力。但同时欧洲各界对中国政府提出的“一带一路”所持态度一直相对审慎，尤其是学界产生了一系列的大讨论，议题包括“‘一带一路’与单一国家的合作是否会与欧盟整体有冲突”“欧洲角色的定位，难道只是做一个快速跟随者”“信任只是基础，如何让沿线小国与重量级的中国可以在确定管辖规则时能够做出平等且共同的决定”等。因此，在巨大的机遇与挑战并存的时代，面对欧盟内部国家之间的巨大差异化，“是否合作”“如何合作”成为“一带一路”倡议下双边讨论的核心问题。

一、欧盟："容克投资计划"，三大领域精准对接

推动双方的战略对接面临诸多挑战，既包括认知与理念差异，也包括实际利益分歧，这要求中欧双方共同应对挑战、化解分歧，通过富有成效的战略对接促进新型国际关系的构建。

当然，欧盟不是一个整体，各国有各国的竞争优势和利益需求。中方不仅与欧盟积极构建中欧基础设施合作的大框架，并参与到"容克投资计划"的合作中，还与德国开展智能制造方面的合作、与法国合作开发基础建设与文化产业，与英国共同提升伦敦在"一带一路"中的金融地位，探讨将"英格兰北部振兴计划"与"一带一路"倡议对接，与北欧国家开展航运、自由贸易等方面的合作，中国力争将自身的优势产能同南欧、中东欧国家的发展需求、西欧发达国家的关键技术结合起来，共同创造新的市场与机遇。

自 2008 年全球金融危机爆发以来，欧盟始终面临复苏乏力的局面，其中投资不足是主要原因。这要求欧盟采取行动，营造稳定的经济、金融和规则环境，增加欧盟对外资的吸引力。正是在这一背景下，容克在就任欧盟委员会主席后，于 2014 年迅速提出"容克投资计划"，这个总额 3150 亿欧元的庞大投资计划旨在促进基础设施、新能源、信息技术等领域的投资，这与中国"一带一路"倡议互联互通、促进国际产能合作的目标不谋而合，中欧双方的利益契合点成为二者对接的现实基础，可在交通基础设施建设、电力能源项目、数字基础设施三大领域精准对接。

第一，交通基础设施建设项目的对接。2013 年，欧盟就"泛欧交通运输网"（TEN-T）达成协议，计划把欧洲现有的相互分割的公路、铁路、机场与运河等交通运输基础设施连接起来，到 2030 年建成欧洲统一的交通运输体系。基础设施互联互通是"一带一路"建设的重要领域，倡议抓住交通基础设施的关键通道、关键节点和重点工程，提升道路通达水平。

第二，电力能源项目的对接。2015 年欧盟公布能源联盟战略框架，其中一项重要内容是计划在 2020 年之前实现 10% 的电网互联，以降低欧盟对石

油、天然气能源的依赖。加强能源基础设施互联互通合作，推进跨境电力与输电通道建设，积极开展区域电网升级改造合作是“一带一路”的重要倡议。“容克投资计划”和“一带一路”在电力能源领域的对接将为双方的电网建设企业和输电设备制造企业带来新的市场机遇。

第三，数字基础设施领域的对接。2015 年，欧盟正式公布了 5G 公私合作愿景，计划 2020—2025 年实现 5G 网络运营。共同推进跨境光缆网络建设，提高国际通信互联互通水平，是畅通信息丝绸之路的重要举措。双方在数字基础设施建设领域也存在精准对接的基础。

二、北欧五国：产业互补，共推“新琥珀之路”

“琥珀之路”是一条重要的古贸易之路，维系着北欧波罗的海国家与南欧、中欧国家的贸易与交流；但习近平总书记在 2016 年访问欧洲期间提到的“琥珀之路”，更多是表明中国与北欧国家双方在未来合作中的广阔前景和紧密联系。

北欧国家地广人稀，资源丰富，海运业、农业、造纸业、海洋渔业、医药等传统产业相对中国优势明显，双边有广阔的互补发展前景。北欧地区的优势产业每年创造大规模的对华服务与商品出口，在赢得了中国市场的同时，也在吸引中国资本投向北欧地区。

第一，新兴产业互补的潜力巨大。在“风投天堂”北欧，“药谷”是丹麦的风投重地，生命科学产业吸引的风投占该国整体风险投资的一半以上，中丹在生物技术研发与投资合作方面有互补空间；在绿色能源、高端精密仪器、环保、医疗保健、创意设计等新兴优势领域，北欧与中国的新兴产业发展要求形成契合与互补，还有巨大的合作潜力尚待发掘。

第二，双边可开发市场潜力巨大。富庶的北欧市场，背后连接着更为庞大开放的欧盟市场和丰富资源的北极地区。据统计，仅在北欧国家就有超过 2500 万人均 GDP 超过 3.2 万欧元的高度富裕的潜在客户。在中国，不论是近 14 亿人口的消费需求，还是“新型工业化、信息化、农业现代化、城镇化和绿色化"所引领的产业需求，都在加快释放潜能。更重要的是，作为世界第一大出口国的中国与其贸易伙伴之间的经贸网络，还涵盖了一个更加广阔的国际市场，这对于中国与北欧双方，不论是实力雄厚的大型跨国公司还是广大中小企业而言，都具有强大的吸引力。另外，当前中小企业是北欧发达国家吸纳社会就业和推动技术创新的主力军，其具有较强的技术优势和创新能力，但在开拓海外市场时苦于缺乏资金和市场，而中国的资本与市场正好能满足其要求。

第三，双边海陆空物流体系的联通。充分利用瑞典、挪威、丹麦等国在海运和物流领域的优势与潜力，在"一带一路"沿线港口开发、船舶制造、能源运送管道铺设、海陆空物流网络建设等方面，探讨新合作项目、探索新合作方式，助力"一带一路"基础设施联通。其中，芬兰积极响应"一带一路"倡议，近期在铁路、海运、民航等部门积极寻求对接，各方联手打造的立体交通格局初步呈现。①货运班列即将开通。位于芬兰东南部的科沃拉市2017年初与俄罗斯、哈萨克斯坦和中国签署协议，将开通从中国郑州（或西安）到科沃拉的货运班列，届时从郑州（或西安）到科沃拉只要10天到12天时间。②波罗的海的海运货轮。欧洲的铁运货物抵达科沃拉后，可以通过船运送到波罗的海沿岸港口；例如，2016年芬兰纸浆生产商与中远海运签署了5年半的海运合同，中远海运为此还建造了世界领先水平的杂货轮，定期北上停靠芬兰，满载纸浆而归。③"空中丝路"拓展也在加快。2017年芬兰航空公司运行6条直飞中国的航线，并寻求增开航线。2018年中芬有关部门举行会谈，增加通航点、扩大运力额度、取消对空运企业数量限制等，北京直飞"圣诞老人的故乡"罗瓦涅米成为可能。有统计显示，2017年第一季度从赫尔辛基转机前往这一地区的中国游客数量同比大幅增加。

三、英国："黄金时代"的高度互补

英国各界对"一带一路"建设积极响应，其已经成为重要的参与方；英国从发达的国际金融业到成熟的法律、咨询等专业服务业，从知名智库、教育机构到世界一流的科技研发与创新平台，各种优势资源丰富。

2016 年是中英关系"黄金时代"的开局之年，两国领导人再次确认了将共同打造中英关系黄金时代，继续推进中英面向 21 世纪全球全面战略伙伴关系；虽然 2016 年受世界经济复苏缓慢、全球贸易活动低迷等因素影响，中英货贸出现小幅回落。但总体来说，中英经贸合作硕果累累，全年中英货贸额达 743.4 亿美元，而且中英贸易结构互补性强；目前英国稳居中国在欧盟内第二大贸易伙伴的地位，中国是英国欧盟外第二大贸易伙伴。中英通过加强发展战略对接，推进贸易、投资、金融、能源等领域互利合作，已经为"一带一路"合作打下了坚实基础。

首先，在金融合作领域，英国各界期待中国政府和相关金融机构能够发挥市场先行者的引导角色。"一带一路"沿线项目需要建立可持续融资机制，但当前离岸市场缺乏人民币计价长期债券的收益率曲线和成熟的二级市场。对此，各方期待中国政策性银行和国际多边发展机构能够积极利用伦敦等离岸市场，加大"一带一路"相关长期债券发行以完善收益率曲线，并拓展离岸债市二级市场发展，以市场引领者角色完善"一带一路"长期融资机制。伦敦也是仅次于香港的全球第二大离岸人民币交易中心，其离岸人民币市场一直保持强劲增长。沪伦通是中国境外首个股市联通计划，是中英两国之间金融服务的长期性和战略性合作计划，其可行性调查工作目前已经完成，届时证券与绿色金融等领域合作也一定会继续加强。

其次，英国政府高度强调"北方经济增长区"战略和其国内高端制造业与"一带一路"建设对接，两者有着强烈的互补性。"北方经济增长区"战略旨在通过改善交通、下放财权等方式提升曼彻斯特、利物浦、利兹、谢菲尔德等英格兰地区北方城市的经济增速，平衡英国南北地区经济发展差异。未来，英格兰北方地区高端制造业和服务业的发展，与"一带一路"建设的需要将密切关联，而"一带一路"建设将为英国北方地区发展提供庞大的国际贸易和投资平台；对接"一带一路"，分享中国资本、基础设施建设技术与经验，实现中英在产能合作与投资领域的深度互补，为英国企业与中国企业联合拓展市场提供了新的商业机会，从而实现经济效益与社会效益的最大化。

最后，政府层面的热切期盼如何让"一带一路"落实成具体的合作项目是英国商界密切关注的问题。英国各界事实上期待通过其在专业服务业领域的专长成为"一带一路"的西端支撑点。英国在工程设计与咨询、金融服务、法律服务等领域处于全球领先地位。"一带一路"在欧亚地区贯穿了众多国家，环境相对复杂，这为英国专业服务业参与基础设施项目提供了重要的机遇。通过将大量基础设施项目的上述支持服务锁定在英国，英国专业服务业的活跃度和繁荣程度得到进一步提升。

四、法国：态度逐渐明朗，迎来合作的新起点和新契机

第一，法国对"一带一路"态度明朗化：从消极的"旁观者"到积极的"参与者"。萨科齐政府对法国经贸发展策略几乎没有尝试过与亚洲和南美不断增长的经济联系在一起。奥朗德政府也基本未正式表明法国对"一带一路"的态度。2015 年奥朗德访华期间，习近平总书记在会谈中就发展中法关系提出了几点建议，其中特别表示，欢迎法方积极参与"一带一路"合作，奥朗德当时虽对发展中法关系总体表态积极，但并未就"一带一路"做具体回应。

2017 年 5 月马克龙当选法国总统后，法方对"一带一路"的态度开始出现积极转变。当选不久，马克龙就表示法国新政府将深化中法两国在外交、经贸、工业等领域和"一带一路"建设框架内的务实合作。2017 年 9 月马克龙在主题为"'一带一路'：亚欧战略对接"的博鳌亚洲论坛巴黎会议上表示，法方愿与中方在共同遵守相关规则和标准的基础上，积极参与"一带一路"建设，促进亚欧大陆和非洲的繁荣稳定发展。2018 年初马克龙访华前后，法国政府高层、智库、一些媒体如《费加罗报》《回声报》《世界报》等，发表了一些支持性的观点，肯定中法两国未来可联手在"一带一路"沿线国家开拓市场，呼吁法国应积极参与"一带一路"。2018 年 4 月法国前总理让—皮埃尔·拉法兰（Jean-Pierre Raffarin）访问中国，受法国政府委托支持法国企业在华发展、跟进"一带一路"倡议；2018 年 5 月法国里昂大都会区主席大卫·纪梅尔福德（David Kimelfeld）访华带来法国 70 多位政商界重要人士，

在9天时间里先后拜访北京、杭州、上海和广州四个城市，与中国各界进行政治、经济、工业、学术、文化等多领域的交流，并开启更多的战略合作。法国对“一带一路”支持态度的明朗化，将为两国在经贸领域的合作提供“后劲”。

第二，在农业方面依然有巨大的合作潜力。法国在谷物、奶酪、牛奶和红酒等传统强项领域产出较大，“一带一路”倡议给法国和欧洲农业带来更多机遇。随着中国社会生活方式的转变，中国开始进口越来越多的肉类，对奶的需求也日益增长。例如，近些年在法国布列塔尼地区，一些加工厂已经设立，以便生产婴幼儿奶产品；此外，波尔多的酿酒业近年来也获得中国投资。目前，中国农产品和农副食品进口中只有3%来自法国，且为中国进口所需粮食作物的法国地区地缘政治局势较为稳定，法国农业从业者正努力打入中国市场，“一带一路”倡议将给法国和欧洲农业市场注入越来越多的活力，会有更多的农产品在不久的将来会取道“一带一路”进入中国市场。

第三，中欧班列为双方合作带来红利。以法国的第二大都市区——里昂为例，作为法国重要的工业城市和除巴黎之外最重要的科教中心，目前与中国并没有直通航线，作为通往欧洲北部战略走廊上的国际化大城市，这种交通状况也与其正在拥抱“一带一路”倡议所带来的各项机遇，谋求发展的发展方向不能匹配。在此情形下，中欧班列在里昂已经运行了三年，陆路运输的优势让当地企业尝到了甜头，当地一些大型化工厂的产品通过中欧班列进行出口，比海运还快；且中欧班列在欧洲其他国家和地区面临的“回程集装箱是空箱”的难题，在里昂并没有出现，2018年回程实占率达98%，甚至高于去程的回占率。“一带一路”的红利也通过中欧班列辐射到了中国的一些内陆城市。在武汉，曾经衰落的产业集群重新被带动起来。例如，2018年法国运动制造品牌迪卡侬在经过几次中欧班列的“试水”后，在武汉开通了迪卡侬专列，原来转移到越南、马来西亚的订单又重新下到了武汉的工厂，曾经因为人力等因素面临压力的纺织业集群重新焕发了活力。

第四，继续加大接地气的企业合作。以在法国具有首要工业区地位的里昂为例，该地区拥有 77 万家企业，50 万个工业就业岗位以及 14 个在生命科学、清洁技术和数字技术等领域具有优秀竞争力产业集群。早已有不少中国企业落地里昂。中国银行、中国化工旗下企业中国蓝星（集团）总公司（收购法国有机硅公司）、中集空港（收购法国 Air Marrel 公司）、双汇集团（收购法国食品公司奥斯塔集团）、香港福田（FOOK IN）（收购磅秤制造 Arpege Master K 公司）、利丰集团（收购布尔阿尔让塔皮具）等，都在活跃着中法经济板块。近些年一些在里昂落地的中国企业，如华为集团已经在里昂设有研发中心，尤其是在包括数字化解决问题、智慧经济、能源生态的转型问题等智慧城市议题方面，华为与本地企业都在逐渐展开更多元且深入的合作。当然，法国企业赛博集团（SEB）与其中国合作机构——苏泊尔公司的合作近些年事实证明相当成功，因此让法国公司适应中国水土、落地生根依然是未来加强中法经济合作、促进"一带一路"项目落地的体制机制的重点发展方向。

五、德国：全方位战略合作，全面加深双边合作深度与广度

无论从现今政治、经济，还是贸易等方面的影响力来看，处在欧洲地理中心位置的德国，怎么都会被看作是欧洲的核心国家。2014 年，习近平主席指出，"未来几年是中德各自改革发展的关键时期，也是两国实现共同增长进步的关键时期。中德不仅仅是经济伙伴，更是政治伙伴和战略合作伙伴。我们决定建立全方位战略伙伴关系，着手制定中德中长期行动纲要，这是重大举措。中方愿同德方一道，本着精雕细琢和开拓创新精神，共同规划和设计各领域合作，塑造两国关系的美好未来。"

2017 年是中德建交 45 周年，双边的升级深入合作不仅造福两国人民，也促进了中欧两大洲关系的稳定深度发展。经过 45 年发展，中德经贸关系空前密切。德国成为中国在欧洲最大和全球第六大贸易伙伴，中德贸易占中欧贸易的近三成。2016 年，中国超过美国成为德国最大的贸易伙伴。据中国海关

统计，2016年中德贸易额为1512.9亿美元。中国商务部数据显示，2016年中国对德投资29.45亿美元，同比增长258.6%，存量达88.27亿美元。同年，德国在华新增投资项目392个，投资额27.1亿美元，累计投资项目9394个，投资存量281.8亿美元。中国连续三年成为在德投资项目最多的国家。

德国在欧洲国家中最先表态支持“一带一路”建设。在亚洲基础设施投资银行57个创始成员国中，德国是出资最多的域外国家。德国各界对“一带一路”关注度高，中国驻德大使史明德说：“我一年作报告接近50场，近三分之一与‘一带一路’相关。”德国工业联合会主席迪特尔·肯普夫说：“‘一带一路’为全球化注入新活力，我们非常欢迎。”这个代表全德10万家工业企业的行业组织认为，中德企业在“一带一路”沿线基础设施建设和第三方市场开发方面合作空间广阔。

其中，德国也致力于加强和所有亚洲经贸合作伙伴的联系，让世界上两个最大的贸易体——亚洲和欧洲更紧密地联系在一起。这高度契合了“一带一路”提出的以基础设施互联互通为基础，促进亚欧之间深度合作的倡议。如今，中国市场对德国工业企业的战略意义也愈发重要，在汽车及零部件、电子光学产品、化工制药、农业和环保等领域中德已经展开了全面合作。

在第三方市场合作方面，中德两国外交部已签订阿富汗合作项目协议，两国将在矿业、救灾减灾等领域开展合作。2017年5月11日，中德可持续发展中心在北京揭牌，其目标是推动中德企业在非洲等第三方市场进行合作。

在制造业方面，中德两国也早已达成深度共识。2014年李克强总理访德期间，中德双方就共同发表《中德合作行动纲要：共塑创新》，决定加强中德双方在“工业4.0”方面的合作。自2014年以来，中德之间已建立起“工业4.0”对话机制，签署了谅解备忘录和框架合作协议，共促两国在智能制造领域的合作。两国还在“工业4.0”国际规则和标准制定领域开启系统性和战略性合作，并建成沈阳高端装备制造产业园等一批合作示范项目。随着中国经济的不断发展、开放程度的不断提高，中国市场对德国工业企业的战略意义也愈发重要，尤其是在汽车及零部件、电子光学产品、化工制药、农业和环保等领域。对德国大众和宝马等车企来说，中国不仅是其全球最大的单一市场，也是布局智能化生产的重要基地。另外，中国市场的巨大需求和不断提高的品质要求为德国高科技、高质量产品提供了市场空间，双方在技术领域的合作也因此日益紧密。

在物流建设方面，助推德国升级作为欧洲物流中心的地位。随着"一带一路"建设不断推进，中欧班列的数量快速增长，也逐渐强化了杜伊斯堡、汉堡等德国城市作为欧洲物流枢纽的地位。2016 年共有 1702 列中欧班列开行，仅中德之间就有 1034 列；中欧班列为德国企业开展对华贸易提供了新的物流方案，也奠定了德国欧洲物流枢纽的核心地位。德国铁路公司、DHL 快运公司等物流企业也从中欧班列中看到巨大商机，预计到 2020 年，中德之间的运输量将达到每年约 10 万个集装箱。

在人文交流与合作方面，中德双方的人文交流与合作近年来快速升温，成为中德合作的一大亮点，未来发展潜力同样可期。2016 年 11 月，中德已签署首个国家级足球合作协议，包含教练培训、青少年球员培养等内容，标志着两国足球战略合作迈出新步伐；足球是中德社会共同关注的话题，有着广泛的群众基础，加强足球合作是促进中德人文交往的重要突破口，发展空间广阔。2017 年中德高级别人文交流对话机制首次会议在北京召开，中德共同签署了关于建立中德高级别人文交流对话机制的联合声明，该机制涵盖了教育、文化、媒体、体育和青年等领域。

六、总结与建议：继续深入双边合作，加快项目落地

（一）加快落实具体项目落地，共同拓展未来合作新模式

在欧盟等发达国家各界看来，未来需要进一步了解"一带一路"建设的具体内容和规划，以探索未来商业合作模式。

首先，应加快落实成具体的专业合作项目。政府层面的热切期盼如何落实成具体的合作项目是欧盟商界密切关注的问题。事实上，西欧各界期待通过其在专业服务业领域的专长的发挥，能够帮助其成为"一带一路"的西端

支撑点。以英国为例，其在工程设计与咨询、金融服务、法律服务等领域处于全球领先地位。“一带一路”在欧亚地区贯穿了众多国家，面临环境相对复杂，这为英国专业服务业参与基础设施项目提供了重要的机遇。通过将大量基础设施项目的上述支持服务锁定在英国，英国专业服务业的活跃度和繁荣程度将得到进一步提升。

其次，应加快拓展第三国合作机遇。除了“一带一路”建设在中国国内将会推进多个省份的基础设施互联互通、城市化、物流、专业服务业和国际贸易发展，为发达国家的大型企业提供重要的市场拓展机遇；在第三国合作领域，发达国家企业还能够与中国企业在国际基础设施项目上形成技术优势互补，在项目管理、融资、设计、规划以及环境保护等多方面与中国企业开展国际合作。例如，中国大力支持中巴经济走廊建设，现已取得了先期成果。“脱欧”之后的英国也将继续支持自由贸易发展，并积极参与中巴经济走廊建设，为相关项目提供资本和相关服务。据介绍，为了进一步拓展“一带一路”沿线的商机，英国计划于 2019 年在巴基斯坦伊斯兰堡举行关于中巴经济走廊产业合作机遇的大型商业会议。

最后，西欧等国的货物将沿“一带一路”走向世界。欧盟国家的很多本地特色产品可以通过中欧班列更顺畅地与庞大的中国市场对接。尤其以孤悬于大西洋上的岛国英国为例，其国内市场极其有限，产品严重依赖出口；“脱欧”后，出口贸易形势更加严峻。中欧班列是英国强化与全球其他贸易伙伴往来的最佳契机。例如，苏格兰威士忌始终都被认为是代表英国民族自豪感的一个符号，它是继石油业和金融业之后，第三个对英国经济贡献最大的产业，历年苏格兰威士忌出口额都占苏格兰食品与饮料出口总额的 90%左右，占整个英国食品饮料总出口额的近 1/4。因此加快中欧班列等线路的布局与运行，必然会助其产品走向世界。

（二）深化双边合作，“一带一路”建设的新起点

首先，“风物长宜放眼量”。当前和今后一个时期，应着眼于国际经贸合作大格局，尤其对发达国家与地区，着力于中国与欧盟地区的经贸合作的关

键领域，运筹帷幄，蓄势而发，让"一带一路"的西侧起点（西欧与北欧国家）在"一带一路"经贸发展中发挥更重要的作用。

其次，高层加强政策沟通，推进全方位的贸易畅通。加强中国与西欧等发达国家政府间合作，积极构建多层次政府间宏观政策沟通交流机制，深化利益融合，促进政治互信，在贸易自由化、投资便利化、"一带一路"倡议合作等领域达成合作新共识。还要推动新兴产业合作，继续挖掘贸易新增长点。例如，西欧与北欧具有优势的产业包括海运、海事与渔业，环保与绿色能源，生物科技与制药，旅游，农业与食品安全，研发、设计与创意产业，养老护理与医疗保健等，可与中国具有优势的高铁、基础设施、电信等领域，不断创新合作方式、扩大合作规模、提升合作水平。

再次，多途径推动民心相通。例如，利用新近成立的中国文化中心、中丹学院，孔子学院等人文交流平台，加强文化、科技、教育、旅游等多种途径的人员往来，促进中国与西欧和北欧国家人民的相互了解，增加双方对彼此的正确认知，通过民心的相互融合带动双方关系的健康发展。

最后，为中小企业探索多渠道资金融通。与英国、德国、法国、丹麦、瑞典、芬兰等亚投行成员一道，共同推进亚投行发展，探索扩大丝路基金。充分利用北欧在生物制药、环保科技领域吸收和利用风险投资的优势地位，鼓励符合条件的中国境内金融机构和环保科技、生物制药企业在北欧国家发行债券、试水风投；并鼓励在西欧、北欧国家使用所筹资金，在海外积累资金、技术和市场。充分发挥丝路基金作用，探讨与西欧、北欧国家的养老基金合作，引导商业性股权投资基金和社会资金共同参与"一带一路"重点项目建设。探索推动"中小企业发展基金"，为双边中小企业合作提供资金融通、市场信息共享等便利机制。

第六章

“一带一路” 倡议对接：南欧与中东欧

一、“一带一路”倡议对接：南欧国家

中国在欧盟和非欧盟成员国的投资，为收购和基础设施创新带来了前所未有的影响力。中国国有银行以低利率向东南欧国家提供贷款。同样，中国通过收购港口，在该地区开设银行分支或为桥梁建设、公路建设和电厂改造提供官方贷款，使交通和物流基础设施网络逐渐形成。通过低于市场水平的贷款来资助基础设施新项目的建设，这一路径深受不属于主要投资目的地或面临私有部门贷款限制的那些国家的欢迎。

（一）希腊：中国在南欧的首选投资目的地

近年来，中希两国全面战略伙伴关系不断增强，也助推着两国务实合作的扩大和深入。由中国提出的“一带一路”倡议为两国务实合作带来更多的机遇。两国贸易发展较快，2014 年 6 月，两国签署《关于加强双边经济投资合作的谅解备忘录》。中希两国在经贸领域优势互补，具有巨大的合作空间。对中国而言，希腊打开南欧市场的门户，有利于中国在世界航运版图上占据更有利的位置。对于希腊来说，中国的支持不仅有利于其尽快摆脱债务危机的影响，同时也有利于欧洲一体化和欧洲繁荣稳定。

对中国投资的吸引力不断增加。作为主要的经济伙伴和投资者，中国是希腊的新来者。直到21世纪初，两国才“发现”彼此。中国作为在希腊的外国直接投资起点是2008年，即中国远洋航运与希腊政府签署了一项特许协议。其中，主要部分涉及比雷埃夫斯海港（以下简称比港）。2000—2016年期间，中国对希腊的直接投资总额难以确定，相关预计从5亿欧元到40亿欧元不等。迄今为止，中国的投资主要集中在交通基础设施、能源和电信领域，而房地产和旅游业对中国投资者也越来越有吸引力。

基建、能源、电信、地产和旅游等方面成为中国企业在希腊投资的主要方向。一是中远集团的旗舰投资项目是中国在希腊最大的项目，该项目分两步进行。2008年签署了8.31亿欧元的特许权协议后，中远集团于2016年购买了比港港务局51%的股份，交易金额为2.85亿欧元。从那以后，基础设施建设一直在进行，比雷埃夫斯迅速转变为主要的转运物流中心和邮轮中心。2009年10月，中国远洋运输总公司（Cosco）取得希腊比港2号和3号集装箱码头35年的特许经营权，这是中国企业首次获得欧洲大型港口特许经营权。同年12月，有关特许经营权修改和3号码头扩建的《友好协商协议》最终获希腊议会审批生效。2015年1月，中远比港3号码头扩建工程正式启动。2016年1月，中远海运集团成功中标希腊比港港务局私有化项目。同年6月，希腊议会表决通过有关合作协议。2016年，希腊总理卡拉曼利斯访华期间也表示，希腊政府希望与中国加强在海洋领域的合作，期待中国企业能够投资比港的物流中心以及商品生产加工基地，以提升比港的国际竞争力。二是中国在希腊的第二大投资是在2016年，中国国家电网国际发展有限公司收购了希腊独立电力传输运营商24%的股份，该投资价值3.2亿欧元，并于2017年完成。与此同时，越来越多的中国企业通过建设小型光伏园区、水力发电以及风电设施，参与可再生能源领域。2017年11月，中国神华可再生能源公司宣布收购一家希腊公司开发的四个风电场75%的股份。目前，中国机械工程总公司正在考虑在希腊北部建设褐煤矿山的大型项目，但尚未落实。三是电信行业也吸引了中国企业，如华为、中兴通讯、太平洋世纪网络工程公司和中国国际电视总公司。除销售设备和提供移动通信服务或大数据管理方案以外，其中一些投资者寻求与本地软件公司合作开发下一代网络和宽带互联网主干基础设施。希腊科派卢佐斯（Copelouzos）集团与中国神华集团签署了价值33.8亿美元的合作协议，希腊研究和技术基金会网络集团（FORTHNet）与中兴通讯签署了价值5.56亿美元的光纤网络协议，希腊将在"一带一路"进行的对外投资中获益。四是在房地产方面，中国参与希腊雅典旧机场开发项目，涉及资金70亿欧元。2014年，包括中国企业复星（Fosun）在内的一个财团赢得了公开招标。中国企业在希腊投资决策背后的理由各不相同，但显而易见的是，中国在希腊的影响力越来越大，其目标是在"一带一路"框架内，建设从地中海到中欧的跨境交通走廊。这条走廊将使中国和希腊能够实现两个更具战略意义的目标：一是减少运输成本；二是提高欧洲市场的可进入性，并增强在欧洲市场的存在感。

人文社会领域合作不断加强，为双边关系奠定了更加坚实的社会基础。中国国家文物局与希腊文化部在文物保护、博物馆建设等领域保持经常性交流。2010年4月，中国以主宾国身份参加萨洛尼卡国际书展；2012年中希建交40周年之际，双方分别举办了一系列文化活动，5月，绍兴鲁迅纪念馆和希腊卡赞扎基斯博物馆结为友好馆；2016年2月，（中国）故宫博物院与希腊研究与技术基金会签署《科学合作备忘录》，10月，雅典中国文化中心揭牌。同时希腊是受中国游客喜爱的旅游目的地，据希腊《每日报》报道，2017年赴希腊旅游的中国游客达到12万人次，增长速度远超中国赴西班牙、法国、意大利和葡萄牙游客增长速度。中希两国都拥有悠久的文化传承，两国在文化领域有很大的合作潜力。

（二）西班牙："一带一路"沿线的重要参考坐标

西班牙是投资中东欧国家最活跃的欧盟成员。在中东欧，西班牙无论是同波兰、捷克、罗马尼亚还是匈牙利，近几年来双边贸易额都以两位数增长。双方产业链关系紧密，投资和文化交流密切。2017年，西班牙对中东欧16国的投资已经达到2亿欧元，特别是对波兰、罗马尼亚的投资增长较快。西班牙是波兰第五大外资来源国，在波兰设立了700多家企业，从事的业务包括金融、基础设施建设、信息产业。到2016年底，西班牙在波兰的投资存量已经超过50亿欧元。目前从中东欧吸收外资来看，西班牙是欧盟中最活跃的国家。"16+1"是中国和中东欧国家合作的主要平台，这个合作平台也引起了西班牙的巨大兴趣。西班牙愿意与中方一起，进一步发挥双方优势，扩大在中东欧地区的合作，预计未来双方将会在中东欧开展更多的基础设施、电信、汽车和可再生能源项目合作。

西班牙政府内部对共建"一带一路"的认识高度一致。"一带一路"倡议为西班牙经济的国际化提供了一个互补而全面的框架，其基础是系统和持久的项目进展，人们面对的不是一个暂时的计划，其可持续性将在广泛领域内带来持续的机会，将在未来几年内为两国积累起较为客观的GDP高水平增长。应该说，西班牙与中国包括开展"第三方市场"合作的这些项目的顺利推进，首要原因莫过于其政府一开始即与中国倡议共建"一带一路"的认识高度一致，疑虑、顾忌较少，这在欧盟国家中较少见；在采取实际行动的过程，西班牙不仅是亚投行首批创始成员国之一，且积极投入实际运作。2017年5月，时任西首相的拉霍伊来华参加首届"一带一路"国际合作高峰论坛时，就同习近平主席、李克强总理积极探讨如何发挥各自优势，在"一带一路"基础设施建设领域开展第三方市场合作；西班牙首相对"一带一路"倡议大为赞赏，西班牙各界对"一带一路"倡议普遍持积极态度，认为其倡议不仅有利于推动欧亚大陆的一体化进程，而且将刺激中国生产模式的内部转型，对其蓬勃发展的中产阶级消费水平产生重大影响。这个转型使西班牙不得不以一种尤为积极的方式将中国纳入欧洲国家特别是本国的贸易战略框架中。

此外，西班牙还向中方政府发出积极信号，鼓励双方企业加强第三方市场合作。中西政府是最早成立第三方市场合作工作组的两个国家，工作组不仅鼓励双方企业在这一领域开展基础合作，而且给予双方企业具体政策指导和协调，这在欧洲各国中是很少见的。更难能可贵的是，西班牙新任首相桑切斯在2018年8月访问智利、玻利维亚、哥伦比亚和哥斯达黎加等拉美四国时，鼓励西班牙在拉美的企业发挥"欧拉桥梁"作用，积极与中国企业共同在当地开展经济合作。

第三方市场合作取得瞩目成果。当前的欧洲还对“一带一路”存有疑虑，但西班牙敢于大胆地发挥自己历史、语言、地缘、文化和经贸方面的优势，积极与中国开展第三方市场合作。其中，中西合作开辟“一带一路”第三方市场合作已经取得令人瞩目的成绩，并成为新形势下中欧合作的亮点。西班牙在拉美、中东欧、非洲、阿拉伯国家市场上，不仅有大量的资本投入，还有深度的贸易往来。特别是在投资领域，西班牙银行机构有很好的评估项目风险的经验，能够化解风险，制定有效的运营方案。西班牙企业在上述地区的资金投入和项目经营管理上，都有很好的公信力和可信度。所以，跟中资结合，在项目风险防范、管理以及收益上，双方均可发挥各自的优势。因此，西班牙同中方开展的第三方市场合作，不仅开辟了新途径、创造了新模式，还使双方在合作中实现了优势互补，并将各自的优势发挥得淋漓尽致。

第四，“一带一路”上的重要参考坐标。短短五年多，“一带一路”倡议的重要性倍增，其实施将对发展中的经济体产生重要影响，也会通过诸如降低运输成本等变量对发达经济体产生影响。西班牙因战略地理位置、港口供给的竞争力和地面基础设施建设优良而成为“一带一路”上的重要一站。义乌—马德里的列车和地中海的那些港口是西班牙在“一带一路”倡议中重要性的体现。

作为世界第二大经济体和全球第一大商品出口国和第二大进口国，中国市场无疑对西班牙经济至关重要。西班牙有近 1.5 万家企业向中国出口产品，还有 600 多家在华企业广泛分布在能源、汽车、金融服务和农产品等行业。中国是西班牙在亚洲最大的经贸合作伙伴，也是西班牙在亚洲第一大出口目的地。仅 2017 年，西班牙对华出口总额达 62.57 亿欧元，增长 24.4%。同时，西班牙在中国享有良好的信誉，中国被西班牙视为一个有吸引力的投资目的地。西班牙旅游业以每年 30%~40%的速度增长，其中主要推动力是航线的增加，而来自中国的航空公司功不可没。中西两国间的文化和教育关系也在不断增进，形成重要的互惠效应。2012 年，北京选择了马德里作为设立少数几个海外文化中心的城市，目前有超过 20 万中国人居住在西班牙。

中西政府积极推进拉美投资合作。西班牙长袖善舞，把自身的优势发挥到极致。在拉美地区、中东欧地区、非洲和阿拉伯国家地区，西班牙有着语言、文化和地缘优势。由于历史因素，西班牙在上述地区不仅有庞大的对外投资存量，对当地市场有深刻的认知，还拥有成熟的企业运营管理经验。所以，当中国提出共建"一带一路"后，西班牙抓住机遇，把中西双方优势结合起来，并提高到更高水平。

拉美是西班牙传统的贸易伙伴。2017 年，西班牙同拉美地区贸易额达到 323 亿美元。2018 年上半年，西班牙同巴西、墨西哥、阿根廷三国的贸易额同比增长均超过 25%。为此，西班牙下一步将会加大与拉美的合作。同时，由于历史的关系，西班牙企业赴拉美投资很受东道国认可，口碑很好，信誉较高。根据联合国统计，2005—2017 年，拉美加勒比地区吸收来自欧洲的投资占其外国直接投资的 41%，其中就有 29%的投资来自西班牙。对于长期熟悉这一地区的西班牙企业来讲，无论是在文化、地域还是对当地市场的了解方面，都积累了丰富的经验。西班牙政府愿意通过中国的"一带一路"，尤其是中国加大对拉美的投资、经贸合作的同时，倚重西班牙的优势，共同合作。事实上，当前中西政府已经在拉美投资合作中取得积极进展。例如，西班牙电信公司已经使用华为无线通信技术和服务技术在巴西、墨西哥、智利开展了业务；西班牙政府积极鼓励本国企业和中国企业合作，共同开拓拉美这个富有潜力的市场。

西班牙依靠地缘优势长期深耕非洲和中东地区，西班牙也是靠近非洲大陆最近的欧洲国家，与非洲贸易紧密。2017 年，西班牙与摩洛哥、阿尔及利亚、埃及的贸易额就已达到近 300 亿美元。而且 2018 年上半年，西班牙与上述三国贸易额同比增幅均超过 10%。在西非地区，西班牙同尼日利亚的双边贸易额 2017 年就已达到 53 亿美元。与南部非洲的经贸往来更是日益紧密，2017 年西班牙与南非的贸易额就已经达到 27 亿美元。

从当前来看，西班牙充分认识到地缘优势，也认识到中国在非洲的良好口碑，基础设施不断增强、设备与管理日益提高的状况，所以，目前中国与西班牙在非洲和阿拉伯国家地区合作正呈现逐渐上升趋势。例如，中国三峡集团同西班牙 ACS 集团组成企业联合体共同开发刚果金大英加水电站建设和开发。山东电力建设集团公司同西班牙 SENER 公司在摩洛哥共同建设了光热发电站。同时西班牙还非常重视“一带一路”沿线阿拉伯国家的市场开拓，中国石化和西班牙联合体在科威特建立了阿祖尔炼油厂；中国和西班牙企业在中国工商银行的融资支持下，在迪拜建立了发电厂。以上中西在非洲和阿拉伯国家地区的合作，是其他欧盟国家尚不能达到的地方。

（三）意大利：“一带一路”将中意合作推向新高度

意大利高度关注“一带一路”。意大利热切渴望参与到“一带一路”国际合作中来，希望凭借自身独有的优势，借“一带一路”这一伟大倡议之东风，重新打造古丝绸之路终点的重要地位，实现自身全方面发展和同区域国家间的互利共赢。2017 年 5 月意大利前总理真蒂洛尼赴华参加“一带一路”国际合作高峰论坛，表示：意大利作为古丝绸之路的终点，不仅有着迫切的参与愿望，更有着众多优良港口等得天独厚的优势条件，可成为“一带一路”建设的重要合作伙伴。意大利在科技创新、机械制造等领域处于世界领先水平，特别是在铁路等基础设施建设领域经验丰富，这些都为其深度参与“一带一路”国际合作创造了有利条件。

对“一带一路”倡议取得的辉煌成就成为意大利专家学者和各大媒体关注的焦点。意大利知名地缘政治杂志《Limes》回顾总结了“一带一路”倡议取得的举世瞩目的巨大成就和对这一宏伟规划未来美好发展前景的展望。意大利中国问题研究员乔尔乔·库奇撰文指出中国用实际行动向世人展现出“一带一路”倡议并非仅仅是一项基础设施建设领域的投资计划。这一伟大战略规划正如一面多棱镜，折射出世界各国对“一带一路”倡议的普遍认同和高度关注、沿线国家通过参与“一带一路”倡议获得的发展机遇、对接“一带一路”倡议带动区域经济圈发展的显著效果、中国对促进世界和平发展作出的重要贡献和巨大推动力。

逐渐建立有效的多层次沟通机制。“一带一路”的合作重点是“五通”，其中政策沟通是“一带一路”建设的重要保障。加强政府间合作，构建多层次政府间宏观政策沟通交流机制，有利于深化利益融合，促进政治互信，达成合作新共识。近些年，中国与意大利逐渐建立了多种有效沟通机制，这有利于两国进一步扩大和深化"一带一路"框架内的务实合作。

2017 年 5 月，意大利前总理真蒂洛尼参加"一带一路"国际合作高峰论坛期间，意中双方发表了《中国和意大利关于加强经贸、文化和科技合作的行动计划（2017—2020 年）》（以下称作《计划》）。《计划》中称，中意同为亚投行成员，应在双边基础设施建设合作及中欧互联互通方面以可持续的方式发挥促进作用。同时双方也表达了对推动包括港口和基础设施在内的交通及物流领域多种形式合作的愿望。双方期待就铁路方面开展共赢合作项目，包括第三方合作。

中意两国人员往来日益密切，民心相通不断推进。《计划》中称，双方同意加强旅游合作，分享各自推广战略、开展旅游领域专家交流、相互参加旅游展会，并加强在世界旅游组织框架下的合作。"中国—欧盟旅游年"于 2018 年举行，这为中意双方制定"21 世纪海上丝绸之路"沿线文化旅游合作战略提供了契机，游客往来对促进经济增长、加强人民相互了解和传统友谊具有重要意义。

中欧班列助推中意经贸合作。"一带一路"倡议在世界各国不断落地生根的大背景下，中欧之间的贸易往来同样突飞猛进。仅 2017 年中欧班列共开行 3270 列，几乎是从 2011 年至今所有中欧班列运输总量的一半（6235 列），2018 年班超 5000 列，开行累计超 13000 列，"一带一路"国际合作背景下的中欧班列已经来到意大利。随着成都至摩尔塔拉线路的正式开通运营，满载"意大利制造"的火车将源源不断地把意大利产品运抵中国。意大利最著名的咖啡壶和厨具制造商比乐蒂以及意大利奶业公司等企业均已通过电商平台在中国市场崭露头角；意大利最大的造船企业芬坎蒂尼专为中国市场建造的首艘游轮也已扬帆起航；中国解除意大利牛肉进口禁令。这一系列事实印证了中意两国"一带一路"框架下各领域务实合作正在蓬勃开展，这对刚刚走出经济危机、处于缓慢复苏进程中的意大利经济和意大利众多中小企业而言，无疑是绝佳的发展机遇。

中意双边贸易增长迅猛。2018 年 1—6 月，意大利与中国的双边货物贸易额为 256. 3 亿美元，同比上年度增长了 12. 3%。其中，意大利对中国出口 78. 3 亿美元，增长了 10. 7%，占其出口总额的 2. 8%，下降了 0. 1 个百分点；意大利从中国进口 178. 1 亿美元，增长了 13. 1%，占其进口总额的 6. 9%，下降了 0. 2 个百分点。意方贸易逆差 99. 8 亿美元，增长了 15. 1%。

机电产品是意大利对中国出口的主要商品，2018 年 1—6 月出口 27. 9 亿美元，占意大利对中国出口总额的 35. 6%，增长 20. 8%。其中，机械设备出口 24. 2 亿美元，增长 21. 2%；电机和电气产品出口 3. 7 亿美元，增长 17. 7%。另外，化工产品、纺织品及原料、运输设备也是意大利对中国出口的重要产品，2018 年 1—6 月合计出口 23. 0 亿美元，占对中国出口总额的 29. 4%。运输设备对中国出口降幅较大，出口额 6. 1 亿美元，下降 45. 3%。意大利自中国进口的主要商品为机电产品和纺织品及原料，2018 年 1—6 月分别进口 66. 7 亿美元和 24. 1 亿美元，占自中国进口总额的 37. 5%和 13. 5%，增长 13. 4%和 5. 5%。机电产品中，电机和电气产品进口 34. 3 亿美元，增长 19. 3%；机械设备进口 32. 4 亿美元，增长 7. 8%。纺织品及原料中，非针织或非钩编的服装进口 6. 9 亿美元，增长 1. 9%；针织或钩编的服装进口 4. 8 亿美元，下降 4. 7%。中国是意大利纺织品及原料、家具玩具、鞋靴伞等轻工业产品的首要来源地，分别占其市场份额的 17. 9%、28. 6%和 15. 9%。另外，中国是意大利机电产品的第二大进口来源地，占其市场份额的 15. 3%，居首位的德国占 22. 7%。

中意全方位合作潜力巨大。的里雅斯特、热那亚和威尼斯等意大利港口城市正采取多种举措，热切期盼成为“一带一路”倡议下中国商品进入欧洲大陆的海上物流枢纽。事实上，将意大利各大港口打造成地中海航运物流的终端港口服务体系，已经成为关乎意大利国家发展战略的重大命题。无论是意大利中央政府还是其各级地方政府，均抓住每一个机会向中国政府部门和企业介绍自身港口的发展现状、区位优势和发展潜力，希望同中方加强规划与对接，促进双方务实合作，共同推进“一带一路”建设，实现共同发展。

在港口建设与区域经济领域，意大利众多港口城市日益重视参与“一带一路"国际合作，不仅因为这一倡议能够促使其发挥自身航运优势，带动完善港口建设，同时还因为与"一带一路"倡议对接将拉动整个区域经济取得整体发展，获得更大的发展红利和发展附加值。中意两国以港口为主体的交通运输和物流领域基础设施建设方面的合作已经成为意大利各界对未来中意合作的最大期待。在文化艺术领域，作为两大文明古国，两国在创意文化产业上也有广阔的合作空间，在历史和艺术遗产的保护与开发方面，两国将进一步开展合作。在经贸领域，中意两国也具有巨大的合作空间。意大利"工业4.0"和"中国制造2025"之间有许多共同特征，意大利是传统工业强国，在装备制造业等领域具有优势，而中国经济正在进行结构调整，双方有更多相互合作的可能性。"一带一路"倡议为意大利乃至世界各国创造了绝佳的发展机遇。在"一带一路"倡议指引下，中国和意大利这两大文明古国将不断碰撞出新的火花，中意两国务实合作必将迈向新的高度。

二、中东欧16国家：全面对接"一带一路"

（一）中东欧国家是"16+1"和"一带一路"的关键合作伙伴

2011年，中国恢复了与16国集团的合作，即阿尔巴尼亚、波斯尼亚—黑塞哥维那、保加利亚、克罗地亚、捷克共和国、爱沙尼亚、匈牙利、拉脱维亚、立陶宛、马其顿、黑山、波兰、罗马尼亚、塞尔维亚、斯洛伐克和斯洛文尼亚。2012年，在华沙举行的第一次政府首脑会议上，中国正式启动了"16+1"的形式或机制。在此基础上，中国为支持投资项目提供了优惠融资，这些项目是"通过商业手段"使用中国投入的设备。

16国集团提供了亚洲和西欧之间的战略连接，对"一带一路"倡议的成功至关重要。在世纪之交，中国投资者一直在投资中东欧国家的项目，这体现了中国与中东欧国家的良好合作关系，也是中国实施"走出去"战略的关键所在。中国在中东欧国家的对外直接投资蓬勃发展，双边贸易也成果显著。然而，中国和中东欧国家之间的贸易仍然不平衡。2015年，中国的出口规模几乎是 16 国进口额的两倍。这一巨大的贸易不平衡催生了新的发展模式，该模式的特点是加强互联互通基础设施的投资，如铁路、公路、隧道、桥梁、发电厂、电网、工业和物流园区、海港和机场等。

由捷克共和国、匈牙利、波兰和斯洛伐克组成维谢格拉德集团（V4），V4 国家在调整和加强其经济竞争力方面取得了巨大的成功，并在中欧和东欧区域经济中发挥着主导作用。他们无疑从中东欧国家和中国“一带一路”之间“16+1”模式合作的多层面结合中获益最多。“16+1”的模式和“一带一路”倡议与中国主导的发展项目都具有多层面的一致性，旨在加强和扩大与 16 个中东欧国家之间的合作，包括在基础设施领域的投资和在产业与技术发展方面的合作。截至 2015 年底的五年中，中国对 V4 国家的直接投资增长逾 65%，从 7690 万美元增长至 12. 8 亿美元，将近占中国对“16+1”直接投资的 2/3。

在过去的 10 年中，中国投资者通过收购有前途的企业，已经成功地打入 V4 国家。预计在未来几年，更多私有和公共领域的“棕色地带”（Brownfield）和绿地项目（Greenfield Projects）将在 V4 国家出现。来自中国的这种持续的投资浪潮，加上来自欧洲结构和投资基金的慷慨资助，支持基础设施项目、研究和创新，以及小型企业（包括初创企业），肯定会有助于 V4 经济体进一步发展其工业和商业领域（见表 6-1）。

表 6-1　2014—2020 年欧洲结构和投资基金（ESIF）的预算总额

国家	项目预算
捷克共和国	2014—2020 年，捷克共和国通过 11 个国家和区域项目，获得欧洲结构和投资基金 240 亿欧元的资助，人均 2281 欧元
匈牙利	2014—2020 年，匈牙利通过 9 个国家和区域项目，获得欧洲结构和投资基金 250 亿欧元的资助，人均 2532 欧元
波兰	2014—2020 年，波兰通过 24 个国家和区域项目，获得欧洲结构和投资基金 860 亿欧元的资助，人均 2265 欧元
斯洛伐克	2014—2020 年，斯洛伐克通过 9 个国家和区域项目，获得欧洲结构和投资基金 153 亿欧元的资助，人均 2833 欧元

资料来源：欧盟委员会。

（二）波兰：得益于不断增加的亚欧铁路交通

作为地区最大的经济体，波兰已经成功地占领了欧亚铁路交通所增加的大部分份额，并发展成为亚欧货物列车的铁路物流中心。由于俄罗斯和乌克兰之间的持续冲突，迫使欧亚铁路交通穿越俄罗斯和乌克兰到达匈牙利或者斯洛伐克。这一点再加上波兰是 V4 国家中唯一有机会进入公海的国家，其无可比拟的优势使波兰成为中东欧地区转运的一个自然选择。

作为"一带一路"倡议中连接亚洲和西欧的一个重要通道，2013 年开始修建从中国四川省会成都到波兰罗兹的高速铁路。货运列车将货物从中国运往波兰需 10~12 天，速度是海运的两倍。货物抵达罗兹可以运送到仓库，或通过欧洲的铁路和公路网络运送给伦敦、巴黎、柏林和罗马的客户。

靠近波兰和白俄罗斯边境的波德拉斯卡波美拉尼亚经济特区这个新项目，将进一步增强该国更好地适应铁路轨道测量变化（由于俄罗斯宽轨铁路系统和欧洲标准测量系统的差异），转运，甚至制造加工设施的不断需求。有了亚欧铁路较好的连接，以及相对较低的铁路运输成本，由于亚洲的铁路货运列车通常不像欧洲列车那样满载，所以波兰的一些公司，像蔬菜和水果种植商已经开始通过铁路将苹果和其他加工食品运往中国市场。

（三）匈牙利：走在"一带一路"合作的前列

在 2015 年，匈牙利是第一个与中国签署关于"一带一路"合作谅解备忘录的欧洲国家。首个合作成果是高铁旗舰项目，高铁全程 350 公里，连接布达佩斯和塞尔维亚的首都贝尔格莱德，将把两个城市之间的旅程时间从目前的 8 小时缩短到 3 小时。

匈牙利"向东方开放"的政策与"一带一路"倡议非常一致，受到中国领先的电动汽车制造商比亚迪等投资者的欢迎。比亚迪于 2017 年在匈牙利北部城市科马隆开设了其在欧洲的第一家全资汽车厂。

匈牙利位于欧盟自由贸易联盟的申根地区的东部边界，因此将会在中东欧地区的分销渠道中发挥枢纽作用。此外，该国位于两个跨欧洲交通网络

（10–T）走廊的交叉路口，与许多邻国，包括奥地利、波斯尼亚和黑塞哥维那、克罗地亚、捷克、意大利、黑山共和国、波兰、罗马尼亚、塞尔维亚、斯洛伐克、斯洛文尼亚和乌克兰等国家有着密切的经济关系。这使匈牙利成为中东欧地区往来东西方国际货运的知名中转站，同时也成为电子、汽车和计算机相关产业的制造外包热点地区。

匈牙利是中国“走出去”战略在中东欧国家对外直接投资的首个目的地，也是人民币国际化战略在欧洲的重要伙伴。中国银行于 2003 年在匈牙利设立了中国运营的分支机构。至 2014 年，其分支机构已经发展成熟。2015 年 10 月，中国银行首次推出人民币结算中心，匈牙利是中东欧的首选国家。2017 年 1 月，中国银行在欧洲发行了第一个中国人民币和匈牙利福林借记卡。

匈牙利还将可能成为中东欧航空货运枢纽中心，而正在建设中的项目——布达佩斯—贝尔格莱德的高铁路线，未来有望进一步扩展到马其顿的首都斯科普里和希腊的首都雅典，将把内陆国家与亚得里亚海和地中海的海港更好地连接起来。此外，还可使用中欧陆海快速多式联运路线，将匈牙利和由中国远洋运输公司运营的希腊港口比雷埃夫斯港连接起来。

（四）捷克共和国：处在中国引领的并购热潮期中

在过去几年里，中国在捷克的收购和投资显著增加，预计这一新的趋势仍将继续。总部位于上海的民营企业——中国能源有限公司（CEFC），选择布拉格作为其在欧洲业务的中心，其在金融和旅游业领域的投资显示了这家公司的巨大发展潜力。另外一家国有铁路巨头——中国中车，也对捷克资产表现出极大的兴趣。捷克共和国的地位得益于其地理位置、工业传统以及与欧盟国家（主要是德国）的转包生产网络，这使捷克成为外国直接投资接收国人均最大的东欧国家。

作为欧洲最密集的铁路网络之一，捷克共和国吸引了许多跨国公司，如富士康和亚马孙都在该国建立了区域物流中心。作为全球领先的车轮、车轴和其他轮毂部件生产商，捷克公司也在深度参与不断扩大的欧亚铁路的发展当中。除了旅游和物流，捷克共和国还见证了一系列由中国主导的并购交易，包括体育、房地产、航空公司、旅行社、酒店、啤酒厂，以及最近的一家DIY 和园艺连锁企业。中国铁路股份有限公司，中国最大的铁路车辆制造商，收购斯柯达运输集团，预计将为中国制造商进军欧洲市场、技术来源和人才储备打开大门。

（五）斯洛伐克："一带一路" 投资与其现代化之路

斯洛伐克是世界上人均汽车产量最高的国家，也是中东欧国家一直在大量吸引与汽车相关投资的国家。已有的三个汽车制造商——大众、标致和雪铁龙、起亚，他们的一级和二级供应商不断地扩大自己的制造工厂，而捷豹和路虎投资项目（2018 年开始生产）已经成为过去七年当中欧洲最大的商业投资案例。

中国河钢集团收购了斯洛伐克最大的钢铁厂。这个世界第二大钢铁制造商不仅有助于中国钢铁制造商立足于欧洲钢铁行业，避免欧盟对进口钢材征收反倾销税，而且突出了斯洛伐克的战略位置，以促进制造业如汽车和电子工业使用的原材料来自非欧盟供应商，如乌克兰等。为了增加欧洲与亚洲之间的铁路货运量和加强其吸引国际制造业和物流公司做好准备，斯洛伐克依靠在欧洲南部海港（例如，斯洛文尼亚的科佩尔港和意大利的里雅斯特港）和北欧（例如，汉堡港口）之间的汇水区域优势，积极参与开发和升级其基础设施，包括斯洛伐克首都布拉迪斯拉发，以及斯洛伐克东部，靠近乌克兰、匈牙利和波兰的科希策等城市的现代转运设施。

（六）塞尔维亚：中国投资已成为促进经济增长与转型的积极力量

对中国而言，巴尔干显然是通向更大欧洲市场的门户。塞尔维亚是欧洲增长最快的经济体之一。该国正在修建新的高速公路，加大对教育的投入，并且在可再生能源、建筑和工程领域开辟新的道路。塞尔维亚具有吸引大量外国投资，尤其来自中国投资的能力，这对推动转变至关重要。2009 年，塞尔维亚成为中国在中东欧国家的第一个战略伙伴，良好的双边关系使之非常注重"一带一路"框架的经济合作。中国在塞尔维亚具有里程碑意义的项目，包括贝尔格莱德多瑙河上的"米哈伊罗·普平"大桥、11 号公路段走廊的建设，以及"科斯托拉茨"火力发电厂附近煤矿的扩建。

保护外来投资不仅对该国的经济增长和就业至关重要，而且对塞尔维亚加入欧盟所必需进行的司法、政治和经济改革也十分必要。中国带来了新的技术、专业和创新，大量的资金投入到公路和高速铁路的建设上，促使塞尔维亚 2016 年的经济增长了 2.8%。数据显示，2015—2016 年，中国和部分西巴尔干国家之间的贸易总额达到 33 亿欧元，而塞尔维亚就占贸易总额的近一半。当地政府还宣布，通过与中国公路和桥梁公司共同在贝尔格莱德建设一个工业园区，项目金额 3 亿美元，以开发纳米技术、生物技术和 IT 系统为主，预计将为本地创造 1 万个就业岗位。

来自中国的投资对塞尔维亚的转型产生了积极和直接的影响，有效地帮助塞尔维亚成为该地区受人尊敬的政治和经济力量。这些改革不仅使塞尔维亚更接近欧盟，而且对建立和平与稳定的区域局面至关重要。中欧和东欧的欧盟成员国已经签署了谅解备忘录，其中包括匈牙利、捷克共和国和罗马尼亚。与捷克共和国签署的一份书面协议的措辞，还包括承诺使该国成为"该地区的交通和物流中心"，并将其转变为"区域金融中心"，这一迹象表明谅解备忘录是为伙伴国的雄心量身打造的。

三、总结与建议：改善中欧贸易与投资的双边互动质量

（一）在贸易和投资关系方面应更加互惠

在中国和欧洲之间的跨境经济合作过程中，贸易和投资的互惠问题已经被证明是许多欧洲国家面对的一个核心问题。欧洲和中国的企业在两个市场应该继续奉行公平竞争的原则。事实已经证明，逐渐开放的中国市场、来自中国的直接投资，对欧洲经济的发展意义重大。

（二）共同发展可持续的基础设施项目

"一带一路"项目的规模和复杂性，给正在参与或寻求从其参与中获益的南欧和东欧国家带来许多政策上的挑战。这些挑战是相当大的，主要集中在项目目标重要性的评估、利益相关者组合的过程、监管能力建设和共同筹资的要求等方面。许多基础设施项目可以在中期内提高经济生产力，但从短期来看，这仍然是一个悬而未决的问题，主要问题是多大程度、哪些基建项目可以货币化。首先是港口和管道等类别项目，因使用率高且效益显现较快，因此更容易融资，其次是火电厂和道路等基础设施项目。这就提出了一个基本问题：在本地财政收入低于预期的情况下，如何融资以在收支平衡和维修成本等方面，承受短期到中期的损失。

如果这些基建项目的设计主要是为了中国商品运输和分销到欧洲不同的地方，那么沿着新的贸易路线的单向交通将很难产生成本效益；如果这些新兴的国际供应链在双向交通的基础上运营，那么无疑将会受益更多。

（三）加强在联合平台上的合作

从欧盟委员会到欧洲发展银行（欧洲投资银行、欧洲复兴开发银行等），它们确实已经有相当多的基础设施项目的计划和执行的经验，而更重要的是要调研清楚欧洲东南部的基础设施投资对金融和技术援助的不断增长的需求，加强欧洲和中国（金融机构）之间的协同效应。与中国一样，欧盟是一个全球外部债权人，需要在世界其他地区进行投资。而欧盟银行是迄今为止全球最大的跨境放贷银行，这也包含了最初加入"一带一路"的65个沿线国家。它们的财力也可以用于资助基础设施建设和互联互通方面的项目，包括通过"一带一路"的建设，将欧洲机构的这一专有技术与中国企业的金融资源和投资决心相结合，可以成为"双赢"的组合。东南欧国家认为，中国有机会向他们提供资金援助，来建设高速公路、扩大港口和现代化公用基础设施。但它们同样需要欧洲复兴开发银行、欧盟代表团、国际货币基金组织等其他机构的支持，以应对采购过程中出现的资金短缺局面，维护金融透明度和监管公平。

（四）从双边到多边的方法

"一带一路"倡议所涉及沿线国家都有自己的法律法规和商业惯例。因此，通过大量的公路、铁路和港口等基建项目的连接，也有可能为管理带来挑战。

五年多以来，"一带一路"倡议已经显示了中国奉行通过双边政府层面的协商机制共同推进"一带一路"的构想，但目前也只有中国政府方面才了解整个倡议的总体规划。此外，参与"一带一路"项目的地方政府、公司和机构逐渐清楚地认识到，"一带一路"的某些元素涉及第三方甚至第四方的利益关系，这可能会产生更为复杂的问题。目前在欧盟这一做法值得借鉴：欧盟成员国以及申请加入欧盟的准成员国，如若已承诺或在过程中承诺与中国和其他第三国开展贸易和投资合作项目，那就需遵守欧盟共同市场的法律法规。

另外，由于基建项目往往涉及不同的地区，双边的"一带一路"协议可能会对邻国产生不确定的影响。到目前为止，人们还很少关注这个问题，但目标远大的双边"一带一路"计划可能必须要做一些调整，以使其他国家在涉及项目的总体规划和执行方面有更多的发言权，这也涉及项目所在的制度环境、社会可持续性、贸易和投资，以及采购规则等方面的国际标准的制定。

（五）国际参与项目发展的透明度问题

国际社会普遍认为，中国的项目对当地和国际参与的开放程度较低，特别是在"一带一路"项目制定的初始阶段并不完全透明，而项目的公开透明符合所有人的长期利益。大多数西方公司确实有兴趣参与"一带一路"倡议相关的项目，但除非有更多的机会参与，否则，这种兴趣就会逐渐减弱。

欧洲公司参与"一带一路"倡议相关的项目面临三个障碍：

第一，公司需要及时获得更多"一带一路"项目相关的准确信息。许多欧洲公司现在已经清楚地认识到"一带一路"倡议的潜在规模和广泛的活动范围，他们也正在努力寻找具体的商业机会。在项目的早期阶段，特别是在招标时，比较难获得中国资助项目的一些公开信息，因此加大项目招标等信息的透明度对此会有所帮助。

第二，在参与“一带一路”的过程中，欧洲公司有时会遇到不公平的竞争环境。例如，某些行业领军的中国企业可能更有机会获得政府的行业补贴，融资渠道也可能更便捷，同时“一带一路”项目的成本和收入估算体系对欧洲公司来说也是不利的。

第三，与中国企业相比，欧洲企业对项目有不同的风险评估体系。脆弱的政治风险、复杂的土地权属，以及其他政治和法律风险可能威胁到项目的可行性。融资风险来自基础设施项目的资本密集性、长期还款计划，以及发展中经济体可能遇到的挑战。当项目完成时，需求疲软和其他运营的挑战依然存在。这些风险是欧洲公司以及养老基金和保险公司等机构投资者很少涉足新兴市场国家基础设施项目的主要原因。就关于如何在项目开发过程中引入分散风险的机制，以及如何在降低各种风险的问题上达成共识，并展开对话，这将会很有益处。

（六）多样化有益于化解风险

欧洲社会逐渐认识到“优质基础设施”的重要性。但对于质量意味着什么，存在着相互矛盾的定义。这一挑战不仅是要对期待结果方面建立共识，而且还包括那些能带来更好结果的在项目实施过程中起到监管与质量保障的一系列标准，包括采购流程、环境标准和社会保障、债务可持续性等方面。除了加强欧盟委员会与中国政府之间的高层双边对话之外，世界银行、国际货币基金组织和 G20 等多边平台也应积极参与，并就这些问题达成新的共识。

（七）中欧战略投资合作

正是在欧洲开始参与“一带一路”倡议的背景下，“容克投资计划”可能对中欧关系产生重大影响。该计划称之为欧洲战略投资基金（EFSI），它将为长期项目注资 3150 亿欧元，并在 2015—2017 年为中小企业提供融资。该基金一直延续到 2020 年，资金将扩大到 5000 亿欧元。目前，“种子”资金达到

210 亿欧元，可以用来撬动更大的投资。同时国家开发银行已承诺投入 425 亿欧元。中国政府表示有兴趣共同为欧洲投资计划中的一些项目提供融资。该计划应得到成立于 1996 年 7 月的"欧盟跨欧洲交通网络"（10-T）的支持。尽管这一计划的重点是欧盟的互联互通，但同时也在寻求与欧盟邻国建立连接，使邻近经济体更接近世界上最大的"单一市场"。

认识到欧盟和中国互联互通计划的目标有重叠性，双方同意在 2015 年 9 月"中欧经贸高层对话"后建立互联互通的平台。其中的主要目标包括协调基础设施发展计划、交换信息和提高透明度，为"丝路"基金参与投资欧洲战略投资基金寻找机会。从欧洲的角度来看，该平台也为其他国家在欧盟投资提供了交流监管环境的机会。因此，鉴于在基础设施方面的战略投资可能会增强欧盟和中国之间的连接，以及加强中国在欧盟及其邻近地区的基础设施建设的参与程度。协调基建项目发展规划并加强双边对话，以最大限度地提高协同效应就变为更为重要。

第七章

“一带一路”倡议对接：新兴市场国家

目前，已经有 60 多个国家或地区表示愿意积极参与“一带一路”建设，未来这个数字还可能进一步上升，其中大多数国家都是新兴市场（Emerging Markets）国家。新兴市场国家，这是一个相对概念，泛指相对于成熟或发达市场而言目前正处于发展中的国家、地区或某一经济体，如被称为“金砖五国”的中国、印度、俄罗斯、巴西和南非以及后来兴起的“薄荷四国”印尼、尼日利亚、土耳其和墨西哥，也包括转型的东欧国家和中亚国家，处在高速发展的南亚与东南亚国家也被称为新兴市场国家等。

各参与国国情差异显著，发展阶段、风俗习惯、宗教信仰、法律制度各异，在为“一带一路”建设增添多元化色彩的同时，也带来巨大的挑战。尤其是白俄罗斯、俄罗斯、波兰和捷克等 20 世纪 90 年代就陷入巨变的东欧国家，原有的工业“底子厚”、工业体系完善，但企业私有化与东欧债务危机对国家的元气打击很大，虽然近几年发展相对稳定，但与西欧等发达国家的差距依然在拉大。如果这些处于转型中的传统老工业强国也被定义为新兴市场国家，在一些制度和标准上的差异与包括中国在内的新兴工业国家可以得到有效弥合，那么各国积极参与“一带一路”建设的热情就可以形成合力，否则甚至会对一些项目的正常开展造成掣肘。

另外，中亚国家大多数是内陆国家，自然资源丰富，经济与工业发展相对落后，对工业化与基建有强烈的发展诉求。大部分中亚国家长久以出口煤气木材等自然资源为主的经济发展模式，在保持了10余年的高速增长阶段之后，最近几年正在发生转折。

多数国家越来越与世界经济同步，开始步入低增长的调整时期。由于世界油气价格大跌等因素影响，哈萨克斯坦经济将延续始于2014年的低速增长态势，前景不容乐观；乌兹别克斯坦因为相对较为自足的经济环境和较为健全的产业分工体系和多年布局，将持续稳健增长的态势；尽管土库曼斯坦开始步入相对低速增长阶段，其增速依然延续在世界经济增速排行榜上一直处于的领先地位；吉尔吉斯斯坦和蒙古国经济自足性不够，仍旧会以依靠外来援助和贷款为主，前景堪忧。

在此形势下，中亚国家越来越深刻地认识到开展国际合作的重要性，开始更多地选择多元化的合作伙伴和自主的发展路径，并越来越积极地融入中国的“一带一路”建设当中，进入与中国务实合作的新阶段。

从地缘政治角度看，进入21世纪以来，美、日、俄等国都先后从自身角度出发，提出了不同版本的新丝绸之路，其共同特点都是以中亚为轴心，但通达的目的地却差别很大，其背后逻辑是视中亚为联通欧亚的物流、资源、经济乃至政治枢纽，力争在“枢纽之争”中占据上风，从而扩大自己经济、能源安全的外延，并更加有效地拓展自身经济辐射圈和商路网络。

相比之下，中国提出的“一带一路”倡议，其计划更详尽，范围更广，涉及的国家、地区更多，受益面更大。简而言之，这是一个更加开放、更加包容和更强调合作共赢的宏伟蓝图。因此，这一构想不仅受到处于经济转型的俄罗斯和中亚各国的积极响应，也受到上合组织其他成员国及观察员国，以及如联合国、欧盟等国际组织的赞扬和积极响应。

在过去的三年多里，中国进一步巩固了来自中亚和俄罗斯的能源供给，为经济持续发展提供了可靠、安全的能源保障。而与中国的合作也有助于中亚国家摆脱“内陆国”“双重内陆国”的困扰，为巴基斯坦和斯里兰卡继续拓展经济贸易能力与加工能力，为处于欧洲交通枢纽中心的德国的经济发展提供更大的地缘空间和广阔市场。

一、东欧国家：以大型工程项目为先导，尽快实现标准对接

对制度和标准对接这一问题，双边依然是存在分歧的。尽管欧洲国家对“一带一路”研究较深，双边合作意愿强烈，但中欧之间关于“一带一路”认识的分歧也显而易见。欧洲大部分传统经济与工业强国都认为，“一带一路”项目的执行应该在政府采购、环境标准以及竞争政策等方面遵守欧盟的标准，而忽视中国仍处于经济转型期。事实上，有些“高标准”可能并不适合中国经济目前的发展阶段。

此外，中欧之间观点的分歧也体现了中西方行为方式的差异。中国在“一带一路”的理念和总体规划确定后即开始行动，而后在实践中不断出台和调整具体措施，这种在“干中调整”的高效率做法实际也是中国改革开放40年来的成功之道；而欧洲则认为，应该先有一套成文的、明确的技术路线，然后才能采取具体行动。

（一）俄罗斯：全面战略协作伙伴关系，促进欧亚一体化

在双方共同坚定努力下，中俄关系已提升至全面战略协作伙伴关系新阶段。双方保持和深化高层战略互信对话，提高了现有双边政府、议会、部门和地方间合作机制效率，建立新的合作机制，确保全面快速发展的务实合作、人文交流和民间交往取得更大成果，进一步密切协调外交行动。这有助于中俄各自国内大规模经济改革顺利推进，提升两国人民福祉，提高双方的国际地位和影响，以利于建立更加公正合理的国际秩序。

乌克兰危机以来，西方加大了对俄罗斯的制裁力度，俄罗斯调整对外政策优先方向，实施“向东看”战略。当前，已形成中俄全面战略对接合作的新格局，即中俄全面战略协作、“一带一盟”（丝绸之路经济带与欧亚经济联盟）建设对接合作、俄罗斯“向东看”战略与中国东北老工业基地振兴战略的互动合作，以及中方支持并正在对接俄方提出的“冰上丝绸之路”共同开

发北极航线，这些奠定了双边关系的可持续发展，为中俄达成全面战略协作伙伴关系，也为促进欧亚地区一体化做出了巨大贡献。

其中，“一带一路”倡议与俄罗斯主导的欧亚经济联盟对接前景广阔，可以有效带动沿线国家，尤其是上合组织各成员国基础设施建设和整体经济的全面发展。这两大发展战略的对接有助于加强双方在高科技、交通和基础设施等领域的合作，特别是有利于推动俄罗斯远东地区的发展，也是在促进欧亚地区一体化方面迈出的关键一步，同时还将给亚洲、欧亚地区乃至欧洲带来更多发展机遇。

（二）白俄罗斯：以大型工程项目为先导，推进产品和服务标准的对接

白俄罗斯地处欧洲腹地，东接俄罗斯联邦，西接波兰，是丝绸之路经济带上联通欧亚、贯穿东西的重要节点。近年来，白俄罗斯积极响应“一带一路”倡议，中白重大项目合作，包括交通物流、贸易投资、金融、能源、信息通信、人文等领域，已经在“一带一路”建设过程中产生重要影响。

其中，占地 90 多平方公里的重大工程——中白工业园（中白商贸物流园），通过基础设施开发，打造产业聚集的平台和载体，推进产能合作，形成产业集群，促进白俄罗斯、欧亚地区与“一带一路”沿线经济发展。但在项目建设过程中，调研发现，由于中国的产品标准、服务标准、施工流程等方面没有与白方当地标准实现互认与对接，使中白工业园以及中白合作的其他项目受到一些制约，在一定程度上影响了项目建设进度，增大了项目建设的工作量和协调难度，加大了交易成本。因此，如何推进双边相关产品与服务标准的对接就显得愈加重要。

二、中亚国家：能源与基建先行，注入发展新活力

以双边合作为先导，突破中亚发展困境，建立多边协调机制。中国与中亚国家之间的能源合作紧密，已签署大量的双边政府间、企业间能源合作协

议，并建成中哈原油管道、中国—中亚天然气管道 A/B/C 线。中国与中亚油气运输管道的建设对丝绸之路经济带能源合作的意义重大，共建管道是油气资源国、消费国、过境国对长期能源供应、需求、过境运输的承诺。当前，中国已在中亚地区开展富有成效的双边能源合作，在合作项目实施初期双边推动比多边协调更为有效。

但为保证油气管道的长期稳定运行，中国期待本着"相互尊重、平等互利""立足当前、放眼长远"的原则建立多边能源合作协调机制。该机制可以应对油气资源国和过境国政策变化所带来的负面影响，又可促进各国协商沟通，解决各自关切的问题，形成能源利益共赢与合作的局面。

（一）哈萨克斯坦：对接"光明之路计划"，成为合作典范

2015 年哈萨克斯坦提出了"光明之路"新经济政策，2016 年"光明之路"新经济政策与习主席在哈萨克斯坦的纳扎尔巴耶夫大学提出的建设丝绸之路经济带倡议对接；在对接框架内，中国与哈萨克斯坦取得了骄人的成绩。双方实现了优势互补、互利共赢。现阶段中哈对接顺利，主要体现在交通基础设施建设、中哈产能合作协议、人文领域的对接上。

第一，交通领域基础设施建设和对接达到空前规模。中国过境哈萨克斯坦的国际交通运输走廊包括三条：第一条是欧亚大陆桥；第二条是中国—哈萨克斯坦—土库曼斯坦，通往伊朗和波斯湾；第三条是中国—哈萨克斯坦—外高加索地区国家—欧洲。中哈两国在油气过境运输方面的合作也颇有收获，双方共同修建了中国第一条跨境输油管线——中哈原油管道。当前每周至少有 50 多个航班往来于两国之间。

第二，中哈产能合作快速推进，成果丰硕。2016 年双方已经签署了丝路沿线国家第一个政府间的产能合作协议，已签署的 51 个产能合作项目中，目前双方已经完成 3 个项目，5 个项目正在实施，另外有十几个项目处在启动阶段。两国已经形成总金额达 270 亿美元的重点合作项目清单，同时成立了 20 亿美元的中哈产能合作基金，丝路基金在当中发挥了重要作用，设立了一期 150 亿美元的中哈产能合作专项贷款。

第三，人文领域对接积极，密切交流。2016年，两国人员往来近50万人次，哈萨克斯坦在华留学生1.4万人。哈萨克斯坦已开设5所孔子学院和7家孔子课堂，4所哈萨克斯坦中心落户中国高校。近年来，双方还举办了旅游年、文化年，巩固了人文交流。

中哈合作顺利，具有成为互利共赢的典范的价值。作为综合国力仅次于俄罗斯的第二大经济体和中亚最大国家，哈方可以通过“一带一路”将中国优质产能、技术和价格优势与亚洲和欧洲市场、劳动力和发展转型结合起来，通过各个层面的战略对接来构建利益共享的全球价值链；丝绸之路经济带和“光明之路”新经济政策对接，能够激活和发挥中国与哈萨克斯坦的经济发展潜力，是两国国家发展战略的对接和全面国际合作工程的对接，对接与合作符合两国发展利益，有利于打造利益共同体和命运共同体。

（二）蒙古国：对接“草原之路”，注入发展新活力

蒙古国工业发展落后，经济结构单一，出口产品主要是工矿业产品和畜牧产品，矿业产值又占较大比重；近几年受国际市场煤、铜等矿产资源价格下跌冲击，经济发展处于低谷。为适应国际市场的变化，振兴蒙古国经济，蒙古国根据本国实际情况开始调整经济结构，主张在发展矿业深加工的同时，强化制造业的发展，提高本国生产加工能力。

对此，蒙古国积极响应“一带一路”，结合自身国情提出“草原之路”。该计划由5个项目组成，总投资约500亿美元，项目包括：连接中俄的997公里高速公路、1100公里电气化铁路、扩展跨蒙古国铁路以及天然气和石油管道等。

这两项国家发展战略紧密相连，对蒙古国经济发展至关重要。蒙古国地处中俄两个大国、大市场之间，通过“草原之路”倡议，可以发展高速公路、铁路、天然气管道、石油管道，还可为中俄提供过境运输，通过运输贸易振兴本国经济。推动“一带一路”与“草原之路”对接，加强双方在产能、大项目和金融等领域的务实合作，将为中蒙关系发展注入新动力。

中、俄、蒙三方铁路部门经过磋商，已就未来细化合作达成广泛共识。

三方确认开展铁路过境运输合作：提升现有铁路运量；研究成立三方运输物流联合公司；采取措施均衡发展并提升乌兰乌德—纳乌什基—苏赫巴托—扎门乌德—二连—集宁方向各区段的铁路运输能力；发展铁路教育机构合作并支持人才培养和科研合作。另外，2014 年中蒙已签署联合宣言，双方将在中蒙矿能和互联互通合作委员会以及双边其他机制框架内，加快推动中蒙煤炭、石油、电力、化工等基础设施和矿能资源大项目产业投资合作。双方将结合本国能源发展战略和各自实际需求，进一步加强电力、可再生能源领域合作，积极研究在蒙合作建设煤矿坑口电厂，以及向中国出口电力并签署相关协议等事宜。

通过学习经验与开拓市场为蒙古国经济振兴挖潜力。中国内蒙古地区的成功经验值得蒙古国借鉴。蒙古国对传统畜牧业资源开发利用不够，而中国内蒙古地区则通过广阔的市场得到长足发展。内蒙古有三家具有代表性的企业，分别是以羊绒产品闻名的鄂尔多斯集团以及乳业巨头伊利集团和蒙牛集团，这三家企业 2015 年的总产值已经超过蒙古国 2015 年的总 GDP。因此，为摆脱对矿业的严重依赖，如果蒙古国能利用中国庞大的消费市场，利用在畜牧业深加工方面传统资源优势，发展面向中国这一大市场的相关产业，建立起羊绒、奶制品和牛羊肉加工领域的大型先进企业，必将对蒙古国经济发展起到巨大推动作用。

三、中东国家："一带一路"为中东国家带来发展机遇

中国跃居为中东地区最主要的投资者。总部位于科威特的阿拉伯投资和出口信贷公司发布的报告显示，2016 年中国成为中东地区最主要的投资者，投资总额达 295 亿美元，占所有区域外国家投资的 31.9%。中国企业在中东地区基础设施领域的投资中也扮演了重要角色，中国提出的"一带一路"倡议为中东国家带来难得的发展机遇。统计显示，近十年来中国企业在中东地区投资的项目涉及从电子通信到零售商贸等众多领域，中国和中东地区的贸易额从 200 亿美元增加到 2300 亿美元，预计 2020 年双方贸易额有望突破

5000亿美元。最近几年，中国与中东国家合作不仅限于油气领域，在金融、产业园建设、贸易和基础设施等领域的投资和合作中也扮演着越来越重要的角色。

（一）中国“工业园区”的建设经验赢得了中东地区国家的广泛赞誉

经过近10年的建设努力，中阿经济合作已在不少领域结出硕果；中埃苏伊士经贸合作区也在中埃两国政府共同推动下，吸引投资近10亿美元，约70家企业入驻；2017年4月，中国—阿曼（杜库姆）产业园奠基，10家企业首批签约入驻；中国企业作为唯一外资企业参与建设的摩洛哥“丹吉尔穆罕默德六世科技城”已经签署合作备忘录，涉及包括航空、汽车、电子商务、环境与铁路运输等多个合作领域，促进丹吉尔市乃至整个摩洛哥的工业化和现代化发展。中东地区市场是世界公认的增长潜力最大的市场之一。中东国家大多属于新兴经济体和发展中国家，人均国内生产总值、人均公路里程、人均铁路里程等指标均远低于发达国家，很多国家正处在工业化、城市化的起步或加速阶段，对能源、通信、交通等基础设施需求量大。

中东国家需要产业转型升级来加快发展。以埃及为代表的阿拉伯国家正在大力推进本国的工业化，改善国家经济“造血”能力；沙特、卡塔尔、阿曼等海湾产油国，在油价长期低迷下谋求经济和产业多元化。在推进工业化的进程中，劳动密集型产业能提振国家经济活力，创造就业机会。中国建设“工业园区”“产业园区”的成功经验在引入中东后大受欢迎，一些国家也正在积极与中国合作建设“工业园区”。

（二）中东：“特殊经济园区”模式助力中东经济转型

中东大多数国家和地区经济过度依赖当地油气资源，工业发展不平衡不丰富，急需寻找一条实现工业化和现代化的发展道路。在寻找可复制、可借鉴的成功案例时，越来越多的中东国家把注意力投放到依靠建设特殊经济园区推动经济发展的道路上，以深圳经济特区为代表的中国特殊经济园区成功模式越来越受到关注。

为摆脱石油困境，实现经济转型，科威特政府分别于 2008 年与 2015 年规划了丝绸城项目和五岛综合开发区项目，借鉴中国特殊经济园区发展经验，深化中科合作，共同打造"一带一路"的成功样板。一方面，由于东道国政府缺乏对经济特区、工业园区的"顶层设计"，没有把园区发展的法规政策设计作为园区全生命周期管理中不可或缺的一环加以考虑，出现了"政府缺位"；另一方面，特殊经济园区的开发商往往只重视园区生命周期中的开发建设环节，忽视十分重要的规划设计、运营管理以及产业配套环节，不具备招商引资能力，出现了"开发商缺位"。针对科威特本地经济与产业园区的实际情况，从全生命周期管理概念出发，对特殊经济园区从概念提出，到战略规划、法规政策、投融资、开发建设以及运营管理等各个环节的信息与过程，进行全流程、一体化管理，为促进本地工业体系完善，并为实现经济转型做出了有效贡献。

（三）金融领域合作的稳步推进，有助于中东国家的发展

中国已与卡塔尔签署本币互换协议，建立人民币清算银行，卡塔尔投资局与中方各出资 50%，成立了 100 亿美元投资基金。随着中国和阿拉伯国家合作越来越紧密，各个领域都将涌现创新型的发展。

多哈人民币清算中心开放交易后，卡塔尔凭借自身在中东地区的影响力及其在货币清算、贸易金融、资产与财富管理和资金服务等领域开展专业商业交易的能力，在满足中东与非洲客户人民币需求方面发挥了重要的作用。如今，中国和中东地区的金融合作正在稳步推进，有利于区域内的企业和金融机构使用人民币进行跨境交易，进一步促进双边贸易和投资便利化。埃及专家认为，中国对阿拉伯国家投资尤其在近年来取得长足的发展，中方提出的"一带一路"倡议为中东国家经济提供了难得的发展机遇。大型国家项目在两国政府的推动下不断取得进展，各国中小规模的企业也可以搭上"一带一路"建设的"顺风车"——中国在这一过程中给中东国家输送了先进技术，有助于阿拉伯国家的工业实现跨越发展。

（四）新兴市场国家成为产油国的大客户

由于页岩气革命和对外能源依赖程度的降低，2015 年美国甚至解禁了长期以来的原油出口禁令。中东产油国的顾客群体正在从欧美等西方国家，转变为以中国和印度为代表的新兴市场国家，中国的“一带一路”倡议将获得中东各国家的支持，而美国与欧洲在这一地域的影响力将逐步降低，中东经济体的增长将与亚洲国家的经济走向关系越来越紧密。

近年来，中国与中东国家的双边贸易快速增长，石油贸易是其中的龙头。随着中东国家国内石油需求的不断增长，中国与中东国家的石油合作已经从单纯供给转向了全产业链的合作模式，双方在炼化和服务方面的合作不断加深。例如，在下游领域，中国石化和沙特阿美于 2012 年在沙特西部工业城延布合资成立“延布阿美中国石化炼油公司”，成为中国石化第一个海外下游项目，也是中国在沙特乃至整个海湾地区最大的投资项目。2015 年，延布炼厂已经投入商业化运营，并以每日 40 万桶的加工能力成为世界最大的炼厂之一。

（五）双边贸易互补性强，潜力大

非能源贸易的增长也引人瞩目。由于中东国家工业发展水平普遍不高（轻工业基础尤其薄弱），中国对中东国家的双边贸易互补性很强：中国出口以机电产品、纺织服装、高新技术产品、日用五金等为主，进口以原油和石化产品为主，非能源贸易基本集中于中国出口一端，中国对沙特、伊朗、埃及和海合会六国的出口额在近十年内不断增长。为进一步推动双边经贸合作，中国还设立了中国—阿拉伯国家博览会（中阿经贸论坛为其前身）等平台。非能源贸易的不断繁荣，直接造福于位于工业洼地中东的普通消费者：越来越多的埃及人能买得起便宜的中国汽车，成为有车一族；在被以色列封锁的加沙地带，居民日常生活更是依赖廉价的中国商品。

（六）基建领域合作前景广阔

中国与中东国家在投资基建领域存在广阔的合作空间。一方面，中东国家工业化、现代化程度较低，基础设施普遍落后，但人口增速较快，建设需求很大。世界银行报告显示，整个中东地区用于基础设施建设的支出仅占其GDP 的 5%，而中国的这一比例已达 15%，全球的平均水平也有 10%。同时基建项目投资的回报率高，就业创造效应明显，对地区内诸多失业率在 20%以上居高不下的中东国家来说意义重大。根据世行分析数据，在海合会地区，每 10 亿美元的基建投资将创造 2. 6 万个工作岗位，而在伊拉克等发展中的产油国与约旦等石油进口国，创造的工作机会则将达到 4 万至 10 万个。另一方面，基建对资金和技术的要求较高，中东国家需要"外援"。

由于金融危机时，中东地区许多基础设施项目（特别是能源基础设施）出现资金缺口，西方金融机构无法完全满足这一融资需求，而"阿拉伯之春"导致的直接损失达 8337 亿美元，有关国家基础设施重建需投入 4610 亿美元。在此背景下，对于具有充足外汇储备、庞大工程建设能力且国内产能过剩的中国，中东市场是值得深耕的一片"沃土"。根据"2017 投资气象"发布的数据显示，近年来中国对阿拉伯国家投资大幅上涨，超过美国成为阿拉伯国家最大投资来源国。中国在阿拉伯国家投资领域包括基础设施建设、交通、科技、工业、农业、电信等。截至 2017 年底，中国对阿拉伯国家非金融直接投资额超 300 亿美元，占外来对阿拉伯国家直接投资总额的 32%，主要涉及资源开发、家电组装、轻工和服装加工等领域；中国企业在阿拉伯国家累计签订承包工程合同额超 3000 亿美元，项目涉及住房、通信、交通、石油、化工、电力、港口、建材等诸多领域。

一方面，2016 年中国政府发布了《中国对阿拉伯国家政策文件》。这份中国政府制定的首份对阿拉伯国家的政策文件，明确了中阿战略合作关系的定位，将共建"一带一路"列为首要合作重点，定位了以能源合作为主轴，以基础设施建设和贸易投资为两翼，以核能、航天卫星、新能源三大高新领域为突破口的"1+2+3"合作格局。另一方面，中东各国也早早提出了"向东看"的政策，高度重视与中国的关系。沙特、伊朗、埃及等国均是亚投行创始成员国，埃及内阁还专门成立了中国事务小组。"1+2+3"的合作格局体现了中国与中东在新时期下深化能源、市场、安全的多维度双边合作的热切期待，中国“一带一路”和平发展战略将帮助并见证中东地区实现地缘政治力量均衡的重塑、经济社会转型和地区政治秩序的重建。

四、南亚国家：促进共同发展与繁荣

（一）巴基斯坦：“中巴经济走廊”架起欧亚非三大洲新节点

“中巴经济走廊”是中国与巴基斯坦全天候战略合作伙伴关系（全球唯一）下两国共同的经济战略；是“一带一路”倡议中“六大经济走廊”中最重要和获得优先建设权的经济走廊，初始投资460亿美元的经济走廊规模空前庞大，仅以能源项目中的电力设施建设为例，其规划建设的总发电量高达8810亿兆瓦，相当于四个三峡水电站的装机容量；其也是一种从硬件到软件的全面合作关系，不仅涵盖“通道”的建设和贯通，更重要的是以此带动中巴双方在走廊沿线开展重大项目、基础设施、能源资源、农业水利、信息通信等多个领域的合作，创立更多工业园区和自贸区。“中巴经济走廊”建设契合两国发展战略，有助于两国发展经济、改善民生及促进本地区的共同发展与繁荣。

中巴经济走廊建设可进一步加强中巴互联互通，更能把南亚、中亚、北非、海湾国家等通过经济、能源领域的合作紧密联合在一起，形成经济共振，同时强化巴基斯坦作为桥梁和纽带连接欧亚及非洲大陆的战略地位。中巴经济走廊起点位于新疆喀什，终点在巴基斯坦瓜德尔港，让中国避开传统“咽喉”马六甲海峡和存在主权纠纷的南中国海，直接连接到印度洋，全长仅3000公里，北接“丝绸之路经济带”，南连“海上丝绸之路”，是贯通南北丝路的关键枢纽，是一条包括公路、铁路、油气和光缆通道在内的贸易走廊。

（二）斯里兰卡：大型工程项目建设已成为重要合作方向

作为印度洋上的岛国，斯里兰卡积极参与中国提出的“一带一路”倡议，尤其希望通过加入“21世纪海上丝绸之路”重树其印度洋贸易中心地位；两国世代友好的传统战略合作伙伴关系，为两国以"一带一路"为纽带的彼此发展战略对接提供了基础性支撑，就如何加强两国在"一带一路"框架内的务实合作，已成为当下双边关系的重要内容。目前，中国已成为斯里兰卡最大贸易伙伴和最大基础设施建设合作伙伴，两国就如何加速中斯自由贸易协定（CSFTA）谈判进程与推进大项目合作正在不断努力推进中，同时也在不断拓展经贸合作以及双方的人文交流等新领域的合作。

传统友谊奠定未来更坚实的合作基础。自 1957 年建交以来的 60 多年里，中斯两国关系始终健康稳定发展，这是两国关系最为坚实的政治基础；自建交以来，中斯高层的往来稳步发展，尤其是进入 21 世纪第二个十年以来，斯里兰卡总统和总理多次访华，中国国家主席习近平也于 2014 年 9 月访问斯里兰卡。在此背景下，发展战略对接是中国推进"一带一路"建设中政策沟通的重要举措，已成为当下与未来中国与斯里兰卡巩固睦邻友好、做互利共赢发展伙伴的重要桥梁。斯方政府认为中国倡议的"一带一路"是契机，愿与中方加强各领域合作，共同建设命运共同体。2016 年 4 月斯里兰卡总理访华发表的中斯联合声明，重申愿积极参与"一带一路"倡议，表示斯方在扩大经济合作、建设"21 世纪海上丝绸之路"方面与中方有共同的利益。2017 年 5 月在北京举办的"一带一路"国际合作高峰论坛上，斯里兰卡总理维克勒马辛哈表示"斯方愿充分发挥自身区位优势，为'一带一路'建设做出贡献"。实际上，斯里兰卡将经济外交作为其对外政策的重中之重，并突破南亚国家的地理界线，将自身的发展战略置于更广泛的印太地区，其新定位既强调"斯是印度南端的一个重要国家，同时将自身作为中国'一带一路'倡议的关键节点"。中斯两国在政治上相互支持并努力发展，"双方愿发展全天候友谊"已成为目前双边关系的显著特征。

中斯双边经贸联系趋于紧密，投资关系日益发展。2016 年，受印度对斯进出口负增长影响，中国第一次超越印度成为斯里兰卡第一大进口来源国，并进而成为斯里兰卡第一大贸易伙伴。总体上看，在过去的十几年里中国对斯出口呈现快速增长态势，但对斯里兰卡出口在 2017 年前十大出口目的地中只排名第六，增长潜力巨大。作为斯里兰卡的第一大贸易伙伴，2017 年中国对斯里兰卡出口的商品主要是针织物及钩编织物、电气及电子产品、机械器具及零件等工业制成品类；而中国从斯里兰卡进口的产品主要包括服装、散茶、珠宝和贵金属及制品等工业初级制成品及原物料类。

中国对斯里兰卡投资呈加速发展态势，目前中国已经成为斯里兰卡的主要外国投资来源国。自 2007 年 2 月中斯签订《中斯双向投资促进合作谅解备忘录》以来，尤其是中国于 2013 年先后提出建设“丝绸之路经济带”以及“21 世纪海上丝绸之路”倡议后，中国对斯里兰卡投资呈现出快速增长态势，中资企业对斯里兰卡投资取得跨越式发展，尤其是中国民营企业赴斯里兰卡投资发展迅速。中斯自贸区（CSFTA）谈判进展顺利，2018 年已完成相关谈判。斯里兰卡对外贸易政策的重心在于实现与全球市场更深层次的融入，鼓励对外贸易和国际投资以带动贸易与投资的发展。提升斯里兰卡对外出口的市场准入，是实现其对外贸易政策目标的唯一途径。

大型工程项目建设已成为重要合作方向。在斯里兰卡政府启动“康提—科伦坡—汉班托塔经济走廊”大型经济基础设施建设项目的背景下，在中斯两国对接彼此发展战略的驱动下，大项目合作逐渐进入快速发展轨道。2016 年 3 月，科伦坡港口城项目重启，标志着中斯大项目合作再次成为斯里兰卡参与“一带一路”建设的重要合作方向。2016 年 4 月斯里兰卡总理访华期间，中斯签署了《全面推动投资与经济技术合作备忘录》，确定继续推进在工业园区开发和基础设施建设领域的合作，对两国中长期发展合作进行规划。

斯里兰卡普特拉姆电站提供了全国约 40% 的电力供应，结束了该国频繁断电的历史；科伦坡机场高速公路大大便利了出入境游客，推动了斯里兰卡旅游业迅猛发展；科伦坡南集装箱码头由中国企业建设、经营，在全球集装箱码头中增速高居前列；中方承建的莫勒格哈坎达水坝项目是斯里兰卡目前最大的水利调节枢纽，为当地农业、民生提供了巨大福祉。2019 年 4 月，斯里兰卡近百年来修建的首条铁路——南部铁路一期正式通车；2019 年底，连接科伦坡和汉班托塔的高速公路也将全线贯通。截至 2017 年底，中国企业在斯累计完成基建项目营业额逾150亿美元，涉及交通、水务、电力、港口等多个领域，为斯里兰卡经济建设和社会发展做出了重要贡献。大项目合作带动了斯里兰卡经济社会发展，得到斯里兰卡民众的普遍认可，斯里兰卡官方也认为主张共商共建共享的"一带一路"倡议尤其重视基础设施建设，是推动新型全球合作的动力。

南亚"产业园区"模式带动本地经济发展。中国的经济特区与产业园区发展经验积极推动着中国企业从海外园区的工程建设，逐渐向投、建、管、运全链条服务转型，经验走出去的方式也是对中国"软实力"的良好实践，受到东道主国政府和企业们的高度评价。总体而言，这类国家的经济存在企业规模小、产业类型分散、产业集聚效应不强、辐射带动力有限、政府服务水准不高等特点。

目前虽然斯里兰卡已有产业园区16个，但主要是以纺织服装等低端产业为主，只辅有少量的食品加工、化工、汽车、IT及教育等产业，客观上说，斯里兰卡产业园区有面积小、产业结构不合理且集聚效应不强等问题。随着中斯两国经贸合作水平不断提高，中国对斯里兰卡投资快速增长。尤其斯里兰卡方，正借鉴中国产业园区发展经验，开始建设中国—斯里兰卡工业园区，斯方政府也为保障营商环境的一步完善，已经在修订更具体的相关保障机制的国内法，并尝试建立更高层次的对话机制保障中国经验与本地发展的有效对接和健康发展。

中斯两国人文社会领域互通交流不断加强。中斯人文交流合作机制起始于20世纪70年代，两国间第一个文化合作协议签署于1979年，并先后于1980年、1983年、1985年、2005年、2007年续签了文化合作协定。此外，中斯还于2005年签订了《中斯关于合作在斯里兰卡建立孔子学院的谅解备忘录》和《中斯旅游合作谅解备忘录》，于2007年签署了关于电影合作的谅解备忘录和大学校际学术交流备忘录，于2012年签署了关于在斯里兰卡设立中国文化中心的谅解备忘录。

中斯两国开通了多条直航航线，带动中国旅客赴斯旅游人数快速增长。截至2018年底，中斯之间已经开通了中国北京、上海、昆明、成都、广州等城市至科伦坡等多条航线，并建立起上海市与科伦坡市、海南省与南方省、福州市与斯里兰卡加勒市、常德市与阿努拉达普拉市、深州市与霍马加马市、广州市与汉班托塔区6对中斯友好省市关系。斯里兰卡旅游部发布的数据显示，2017年中国是斯里兰卡第二大游客来源国，全年共有26.8万名中国游客赴斯里兰卡旅游，仅在2017年12月就有将近2万人次中国游客来到斯里兰卡，斯里兰卡政府期待未来随着两国交流更加深入，每年能有超过100万中国游客赴斯里兰卡旅游。

除此之外，中国向斯里兰卡提供大量援助，促进斯里兰卡社会经济发展，斯里兰卡是获得中国援助和投资最多的国家之一。中国每年向斯里兰卡提供1300多个赴华学习、培训的名额；为斯里兰卡创造了10万余就业机会，培训了上万名技术与管理人才；仅科伦坡南码头就雇用了1000多名当地技术员工，占所有员工的90%多，这为斯里兰卡进一步实现自身发展奠定了良好的基础。

在质疑声中用行动来扎实推进双边的深入交流与合作。作为斯里兰卡最大的投资来源国，中国为斯里兰卡经济社会发展发挥了重要作用，得到斯里兰卡各界的广泛好评，斯里兰卡主流舆论对中国投资以及与中国的合作持积极立场，但因两国民众在生活习惯和宗教信仰等方面存在差异，斯里兰卡内舆论关于中国对斯里兰卡经济发展作用的认知也存在不同声音。斯里兰卡舆论也有对大量中国人在斯工作的担忧。因此，尽管中斯有相似的文化传统和价值理念，但总体而言斯里兰卡国内对外来族群扩大存在有较深的顾虑。此外，在斯里兰卡国内和国际社会也仍有一小部分声音认为，斯里兰卡不可持续的债务负担源于中国的无优惠贷款。事实上，中国对斯里兰卡贷款绝大部分是优惠性质的，优贷支持的项目主要涵盖的是水利、发电和交通等基础设施领域。因此，未来如何排除杂音的干扰，需要中斯两国共同面对，尤其是在巨额财政赤字和本币贬值而导致的斯里兰卡经济面临下行的风险下，理性应对这种杂音，对于切实落实两国领导人共识的意义不容小觑。

五、总结与建议：增强双边对接的同时仍需注意风险把控

（一）从国家战略层面推进标准与流程的互认对接

随着我国国际产能合作的进一步推进，中国企业将越来越多地参与到全球各地的建设中，中国的产品和服务也将遍布世界。例如，中国与白俄罗斯工业园和中白项目建设过程中的实践表明，要从国家战略层面，以产业园这样的大型工程项目为先导，推进我国产品和服务标准与所在国标准和流程的对接，以降低项目建设的交易成本，保障项目建设与运营的效率。应在下面三方面加快标准对接工作：一是从国家层面推动产品与服务标准互认对接工作，签署细化的双边协议；二是加强重点国家和区域标准化研究；三是鼓励我国企业和机构积极参与国际标准、国别标准的制定。

（二）继续增强双边互信，为深化合作奠定坚实基础

2017 年 7 月中国国家主席习近平对俄罗斯进行国事访问，这是两国元首这一年的第三次会晤，是在国际形势复杂多变、世界经济复苏缓慢、大国关系深刻调整的大背景下，备受国际社会关注的重要事件。

此次会晤，两国元首确定了新形势下中俄关系发展的方向和目标，进一步深化政治和战略互信，推动双方各领域务实合作；"一带一路"倡议已经成为中俄深化在欧亚地区的国家发展战略对接提供新动能，两国将通过"一带一路"建设与欧亚经济联盟对接筑牢利益纽带。

可以说中俄双边合作已经到了历史上的最好时期，而这些成果的取得与双边互相信任是分不开的。中俄都是世界大国，双边利益与矛盾在历史中时有发生，不应让小角度的问题成为双边深化合作的牵绊。因此，从国家领导人层面引领，到各个政府与企事业部门与社会，都应该不断深化交流与合作，在"一带一路"从愿景变为现实的进程中，中俄两国优势互补，逐渐实现国

家发展战略的对接。主要包括政策沟通稳步深化、设施联通持续加强、贸易畅通逐步向好、资金融通日益扩大与民心相通不断促进这五个方面。

（三）深入加强在高风险国家与地区的风控研究与准备

例如，巴基斯坦国内安全局势不容乐观，暴力流血事件频发。据统计，2013 年巴境内发生了 1717 次恐怖袭击事件，造成 2451 人死亡、5438 人受伤。恐怖事件的制造者主要有恐怖分子、宗教极端主义势力、地区主义势力，这既涉及塔利班组织、教派对立与冲突，亦有地区、族群矛盾。虽然巴基斯坦是对华友好的国家，但针对中国人的袭击事件也时有发生，不仅造成了财产损失，还严重威胁到中方人员的人身安全。

恐怖主义在巴基斯坦盛行，背后是巴本土塔利班运动不断发展壮大，其中也有阿富汗塔利班这个重要因素；宗教问题严重影响了巴基斯坦社会的稳定，教派斗争是导致巴基斯坦安全形势下滑的重要因素之一；另外，地区主义与地区间的矛盾进一步加剧了民族混居地区的族群矛盾。

综上所述，巴基斯坦国内政治目前看较为稳定，而且中巴战略伙伴关系新近升级。巴国的政治和社会层面对华均友好。因此，“高层政治”方面的政治风险不是重点。政治风险的主要方面在于巴基斯坦国内的恐怖主义、地区主义等社会政治矛盾所导致的安全形势对于投资的不利影响，如务工人员的安全、投资的风险等。此外，由于巴基斯坦特定的地缘政治位置和重要性，中巴经济走廊的建设会引发印度、美国等域外利益相关大国的何种反应，需要早做一定的预判和准备。

第八章

“一带一路”倡议对接：欠发达国家

中国在改革开放 40 年里成功使 7 亿多人摆脱贫困，并一跃成为仅次于美国的世界第二大经济体。正在渴求摆脱贫困的非洲国家，和奋力实现工业化发展的南亚和中东等发展中国家，他们普遍依然以农业或自然资源出口为主，工业“底子薄”，贸易逆差显著，外债规模较大，国际收支不平衡，但有丰富的土地资源和廉价的劳动力，也都迫切希望了解、学习和借鉴中国在经济发展和政治治理方面的经验。因此对这些，包括亚非拉和一些边陲岛国，欠发达地区与国家，中国产业园以及工业建设与经济发展经验的输出，就成为其国家发展战略对接的主要内容。

一、非洲国家：不断升级的“产业园”模式助力东道国发展

非洲等欠发达国家渴望得到中国发展经验。产业园模式是中国学习而非独创的产物，这 30 年中它因地制宜不断演化，产生的速度和效率让它被视为中国改革开放最珍贵的经验之一。许多发展中国家都震惊于中国变化之快并部分归功于“产业园”模式，以至于 20 世纪末天津泰达在非洲同埃及共同合作开发苏伊士特区时，埃及一方的管理人员说，“我们的目的就是与泰达产业

园一模一样地去做"。

（一）经验模式升级：从"产业园"到"铁路+港口+产业园区"

对于早期的行动者而言，建立园区的最初目的其实只是为了更方便的本土化生产，也就是初级的"产业园"模式，园区由主导产业聚集吸引配套产业，进而形成一个完整的产业链条，这同时也能规避单打独斗的风险；当然也有针对本地特殊国情而量身制定的"特殊经济园区"规划与建设，如地区经济过度依赖当地油气资源，工业发展不平衡不丰富的中东大多数国家，急需寻找一条实现工业化和现代化的发展道路，往往会探索建立基于能源与产业发展相结合的"特殊经济园区"；而随着合作的不断深入，尤其是通过"一带一路"倡议协作下，"工业园区"模式升级为"铁路+港口+产业园区"配套的模式，与"本地发展目标与需求"的高度对接，保障了项目的可持续性，更带动了整个地区的经济与城市的健康发展。

"铁路+港口+产业园区"模式全面推动产业体系构建。经过在非洲中国公司多年的积累，"中国经验"在非洲建设的铁路和境外经贸合作区在空间上已经逐渐形成了"铁路+港口+产业园区"的升级模式，中非全面经济合作的战略轮廓渐现。

"要致富，先通路。"中国在非洲建设的铁路除 1975 年通车的坦赞铁路外，还包括 2015 年建成通车的安哥拉本格拉铁路、莫桑梅德斯铁路；2016 年建成通车的尼日利亚阿卡铁路和联通埃塞俄比亚、吉布提的亚吉铁路，以及 2017 年建成通车的肯尼亚蒙内铁路和待开工建设的尼日利亚沿海铁路，这些铁路均联通非洲优良港口和资源丰富的内陆城市，这种"铁路+港口"的模式为非洲构建了优良的产业发展交通基础，且均由中国进出口银行提供优贷，全部采用中国标准，带动了我国钢铁、机车、水泥和通信设备出口的同时，为非洲的资源流动和产品出海搭建了先进的物流体系，为资源丰富的广袤土地提供了坚实的产业发展物质基础。

"无工不富"，中国在非洲建立了境外经贸合作区。根据商务部 2017 年统计显示，除埃及苏伊士经贸合作区外，赞比亚中国经济贸易合作区、埃塞俄比亚东方工业园、尼日利亚莱基自由贸易区和广东工业园均布局在由中国建设的铁路沿线城市。

以"铁路+港口+产业园区"模式的中国新经验的输出，为东道国提供了切合自身资源禀赋优势的工业基础，也带动了我国产业链在空间上的延伸，开始了我国产业向非洲的转移，为我国实现中非产能合作提供了具有一定规模的产业基础条件，更推动了非洲产业体系的构建和城市化进程。

进入21世纪，中国在非洲国家开始进行园区建设。2006年中非合作论坛北京峰会出台"在有条件的非洲国家建立3~5个境外经贸合作区，进一步扩大对非投资"的举措大大推动了非洲园区建设的步伐。目前中国共在15个非洲国家建成运营的工业园区达30多个，累计投资超过百亿美元，吸引入园企业近千家，累计产值几百亿美元，上缴东道国税费几十亿美元，创造数万个就业岗位，在当地形成产业聚集效应。

（二）"一带一路"在非洲的再升级

自2013年"一带一路"倡议提出以来，中国在非洲的"一带一路"建设采取了渐进推广的方式。除埃及和南非这两个重点国家之外，中方还选择了政局相对比较稳定、经济增速和一体化进程较快、对华长期友好的东非国家埃塞俄比亚、肯尼亚、坦桑尼亚以及中部非洲国家刚果（布）为产能合作的先行先试国家，待条件成熟后再向非洲其他地区国家推进。截至2018年8月底，共有埃及、南非、苏丹、马达加斯加、摩洛哥、突尼斯、利比亚、塞内加尔、卢旺达9个非洲国家与中国签署了共建"一带一路"合作谅解备忘录，共有埃及、阿尔及利亚、苏丹、埃塞俄比亚、肯尼亚、坦桑尼亚、南非、莫桑比克、刚果（布）、安哥拉、尼日利亚、加纳、喀麦隆13个非洲国家与中国签署了国际产能合作框架协议。在经贸领域，中国公司在上述19个国家几乎都有代表性合作项目对接，且已取得良好的阶段性成果，初步实现了合作成果的利益共享。

我国逐步通过探索"路、港、电+矿山/园区"系统投资方案实现了"五通"。当前，非盟、非洲区域组织、非洲国家都将基础设施建设和升级列为非洲发展的优先选项。中国公司凭借在项目资金、关键技术、施工队伍和组织管理等方面的较强竞争力，在非洲港口、道路、电力等基建领域大显身手，成为投资和建设的主力军。

一是在港口建设方面。中国公司在坦桑尼亚建设巴加莫约港、在肯尼亚修建蒙巴萨港 19 号泊位和拉姆港 3 个泊位码头、在刚果（布）修建黑角新港、在尼日利亚建设莱基港、在喀麦隆建设克里比深水港、在马达加斯加修建塔马塔夫港、在安哥拉承建罗安达港、在阿尔及利亚兴建并运营舍尔沙勒港。这些重要港口要么与重要道路联通，要么在其周边布局临港工业园，对非洲沿海国家经济发展具有重要意义。

二是在道路建设方面。中国公司在埃塞俄比亚建设的亚吉铁路、在肯尼亚建设的蒙内铁路、在尼日利亚建设的阿卡铁路、在安哥拉建设的本格拉铁路都已投入使用；“建营一体化”模式不仅有利于破解东道国的资金和技术瓶颈，避免项目建设与运营脱节而带来的诸多问题，还可以带动铁路沿线经济发展，最大限度地发挥项目的经济和社会效益。

三是在电力工程方面。2015 年，苏丹上阿特巴拉水利枢纽项目的建成使 1/3 的苏丹人直接受益。该项目的建成实现了苏丹长期以燃油为供电模式向水力发电模式的转换，满足当地用水，促进了农业的发展。2016 年，中国企业承建的埃及 EETC 500 千伏主干线升级改造项目一期工程竣工，经济社会效益巨大，项目建成后将大幅提升尼罗河三角洲地区燃气发电站电力输出能力，全面增强埃及国家电网整体网架结构的安全性，促进电力能源合理利用；同时电网升级改造之后将推动埃及乃至中东地区能源、电力装备、原材料等上下游产业发展，为埃及当地创造约 7000 个就业岗位。

四是在矿山/园区建设方面。2015 年，中国中材国际工程股份有限公司和尼日利亚首富阿里科 · 丹格特签署了价值 43.4 亿美元的合同，在非洲各国建设水泥厂。为此，喀麦隆、埃塞俄比亚、肯尼亚、马里、尼日尔、尼日利亚、塞内加尔和赞比亚等国的水泥厂将增加 2500 万吨的生产能力；2016 年，中国黄金集团刚果（布）索瑞米项目试车投产，设计采矿规模约 1500 吨/日，年产阴极铜两万吨，成为刚果（布）第一个金属采选冶工程项目，填补了该国在这一领域的空白。

进入21世纪，非洲国家以更加积极的姿态推进工业化进程。在这一进程中，工业园区建设被越来越多的非洲国家视为促进工业化进程的重要抓手。然而，由于受到多重因素的制约，非洲绝大多数国家难以依靠自身力量发展工业园区，需要在资金融通、技术引进、经营管理等方面借助国际合作，这就为依托产业园开展中非产能合作提供了历史性的发展机遇。目前中国在非洲建成、在建或筹建的产业园约近100个，其中30多个已经开始运营，中国在非洲的园区建设为东道国吸引外资、推进工业化进程、增加税收、创造就业、改善民生、推动社会经济发展做出较大的贡献。但相比于基础设施项目的巨大效能，以扩大中国对非直接投资和推进非洲工业化为目的的园区建设仍需同步跟进与强化。

（三）为非洲自身发展带来巨大的利益和机会

目前，已有超过34个国家和国际组织与中国签署了关于"一带一路"的协议，超过70个国家公开支持并愿加入"一带一路"建设，这其中包括很多非洲国家。"一带一路"倡议提升非洲港口建设能力，不仅会提升港口所在国家的进出口水平，还有利于提升非洲整体的贸易水平。例如，蒙巴萨港口可以为肯尼亚、乌干达、卢旺达、南苏丹和刚果共和国等国提供海上贸易服务。在建的肯尼亚拉穆港口也将为肯尼亚、埃塞俄比亚、南苏丹、乌干达提供海上贸易服务。同样，提升吉布提港、达累斯萨拉姆港港口的吞吐能力将有利于推动相关国家乃至地区的贸易水平。

非洲也可以从基础设施建设中获取收益。中国为开展基建项目，向非洲派出大量技术人员，随之提升非洲国家的技术水平，带动技术升级。大量基础设施建设，有利于提高非洲国家的就业率。"一带一路"沿线的非洲国家从丝路基金获得贷款，有助于加速推进其基础设施建设，提高经济发展水平。现有的国际金融治理机构如世界银行和国际货币基金组织，效率低下，设置不公平的借贷条件，发展中国家对此较为失望。中国发起亚洲基础设施投资银行，给非洲国家带来了希望。中非之间的年贸易额已超过2000亿美元。在

“一带一路”框架下，在建的铁路和公路将最大限度地提高非洲域内的贸易水平，扩大非洲国家的进出口规模，促进非洲经济融入全球经济。同时“一带一路”将有利于推动非盟《2063 年议程》的发展，该议程旨在实现非洲国家的公平、可持续发展、健全法治、维护和平安全，实现非洲国家内部的互联互通。

以“一带一路”为中心带来的非西方的全球化发展模式，给非洲国家在制造业、劳务人员素质、法律保障、吸引外资和电子商务等方面创造了巨大的机遇。一是在全球交易中，商品的多样性、保持强劲的出口竞争力、保有高水平的生产力和技术是保持战略优势的关键要素。制造业对非洲国家的 GDP 贡献率很低，很多国家在 5%以下。一些非洲国家如埃塞俄比亚利用市场力量和国家干预，发挥劳动密集型优势，努力释放发展潜力。非洲可以利用“一带一路”推动自身的工业化进程。这需要现代的信息和网络基础设施，以突破复杂的全球化市场机制。二是法律保障方面，可修改已不合时宜的法律，以适应“一带一路”建设。这涉及的领域包括商业变革、知识产权保护、出口信誉保证、反行贿法律等。在“一带一路”的推动下，如果非洲从中国领导的倡议中公平获利，将会增强规范管理的能力，重新调整以利用诸如世界贸易组织的国际机制。提高非洲的监管能力有助于提升产品和服务的质量，而这正是目前非洲所欠缺的。三是在非洲的劳务人员素质提升方面，目前亟须新知识和技术，以提升人力资源水平。“一带一路”将成为知识技术转移的高效的传递者。为有效接受技术转移，非洲人应学习汉语这门世界上使用人口最多的语言。四是在吸引外资方面，非洲国家应增强吸引国外投资的能力，提升机构效率。由于布雷顿森林体系存在缺陷，非洲国家应充分利用丝路基金和亚投行，从中获取束缚少、更公正的贷款，增强非洲发展银行、亚投行和亚洲发展银行的合作。

在过去的数年，随着新技术和电子商务的发展，国际投资规模的扩大，全球化进程呈现出新特点，以“一带一路”为主线，其作为反映全球化新趋势的投资战略，不以意识形态为驱动，旨在探索新的国际合作和全球治理新模式，这是与现存和过去所有类似倡议的不同之处，有利于在西方国家主导的全球化中被边缘化的非洲国家的发展。

二、岛国发展：多方面融入"一带一路"，全面带动岛国发展

在南太平洋地区，除澳大利亚、新西兰之外，还分布着20余个国家和地区，它们位于"21世纪海上丝绸之路"南线。从1962年萨摩亚独立开始，这里先后形成了14个独立岛屿国家。在14个太平洋岛国中，多数国家对中国的"一带一路"倡议表现出了极大的热情，期望通过参与"一带一路"提供的机遇，改善国内基础设施，带动国内就业，赶上全球化发展步伐。"21世纪海上丝绸之路"给中国同太平洋岛国合作提供了新机遇，更密切的经贸联系，更便利的互联互通，为太平洋岛国更好参与经济全球化进程提供了新路径。

目前，中国已陆续同8个太平洋岛国建立外交关系，双方友好合作关系发展进入了快车道。中国向岛国派遣了援教团、医疗队、农业科技团，提供了奖学金和研修培训班名额。双方合作项目不断增多，中国在岛国的投资企业，为岛国发展提供了众多就业岗位。当前中国和太平洋岛国传统友好更加牢固，共同利益不断拓展，合作前景日益广阔，双方关系面临乘势而上的良好机遇。据中国海关统计，2017年中国和太平洋岛国地区双边贸易额为82.0亿美元，同比增长1.8%。其中，中国对岛国地区出口47.2亿美元，同比下降13.8%；从岛国地区进口34.8亿美元，同比增长34.9%。据中国商务部统计，2017年，中国在太平洋岛国地区对外承包工程新签合同额27.1亿美元，完成营业额9.7亿美元。2017年，中国对太平洋岛国地区直接投资1.6亿美元，涉及农渔业、旅游、基础设施建设等领域。在"一带一路"倡议框架下，中国与太平洋岛国合作将会更加广泛，务实高效，合作成果定会造福太平洋岛国地区人民。

（一）岛处战略边陲，资源丰富但发展落后，急切加入"一带一路"

太平洋岛国泛指南太平洋中除了澳大利亚、新西兰之外的其他岛屿国家，具体包括斐济、萨摩亚、汤加、巴布亚新几内亚、基里巴斯、瓦努阿图、密克罗尼西亚、所罗门群岛、瑙鲁、图瓦卢、马绍尔群岛、帕劳、库克群岛和纽埃等国家。

多数太平洋岛国虽然地处世界的边陲，面积狭小、人口稀少、国力羸弱，但战略地位依然不可小觑。21 世纪以来，大国之间围绕太平洋岛国的战略博弈日趋复杂和激烈。美国、澳大利亚、新西兰、法国、日本和俄罗斯等域内外大国出于地缘政治考量，纷纷调整自身战略，加大对该地区的影响和渗透，大力巩固和扩展在南太平洋地区的战略利益。

太平洋岛国有丰富的渔业、林木、矿产和旅游资源，可为"一带一路"国家带来世界第一大金枪鱼产量区，储备价值几十亿美元的石油、天然气和海底矿产资源。另外，太平洋岛国"岛小海大"，陆域总面积仅 53 万平方公里，海洋专属经济区却高达 1900 万平方公里，是中国海洋专属经济区面积的 6 倍多；尽管拥有面积广阔的海洋专属经济区和丰富的海洋资源，但在经济发展中面临资金不足、技术和经验落后的困境。

太平洋岛国积极回应其自身发展的强烈愿望。为应对新形势下太平洋地区所面临的挑战和促进区域合作与一体化，太平洋岛国积极推动实施"太平洋计划"，即通过地区主义来促进地区经济增长、可持续发展、良治以及安全。"一带一路"倡议提出以来，太平洋岛国积极响应，以此为机遇对接发展战略，推进务实合作，致力于实现共同发展。通过将"一带一路"倡议与"太平洋计划"对接，中国与太平洋岛国双方利益交汇，迎来广阔的合作空间。具体而言，通过将太平洋岛国纳入中国的"一带一路"框架，为双方政治互信、经济融合、文化交流注入新的动力。

（二）太平洋岛国：互联互通扫除发展障碍，未来合作潜力巨大

中国与太平洋岛国建立了相互尊重、共同发展的战略伙伴关系，双方关

系迎来前所未有的历史机遇期。新时期，在“一带一路”框架下，将中国所具备的资金、技术和人才等优势与太平洋岛国资源丰富、资金匮乏、技术落后的实际进行对接，在互联互通、基础设施建设、贸易投资、人文交流、非传统安全等领域存在广阔合作空间。

第一，加大互联互通，为当地发展扫除障碍。太平洋岛国大多位于赤道附近，远离主要市场，任何能促进空中、海上及通信联系的机会都弥足珍贵，桥梁、港口等基础设施的不足成为制约发展的主要障碍。加强互联互通，与太平洋岛国的现实需求高度契合。例如，巴新最大陆地部分所在的新几内亚岛山地纵横，而岛屿部分运输成本偏高，交通不便成为物流和经济发展的一大瓶颈。“一带一路”倡导的互联互通和基础设施建设，对南太平洋岛国来说正是及时雨。目前，不少旨在打通瓶颈的基建项目正在巴新多地展开。港口、公路、桥梁等一系列国际水准的基础设施建设如火如荼。巴新许多偏远农村地区第一次通公路，打开了当地居民与外部世界的通道。随着相关基础设施项目的不断推进，不仅太平洋岛国内部，各个岛国之间、岛国同世界其他地区的互联互通和经贸联系也将得到加强。

同时，资金融通为互联互通的推进提供了足够的能量。目前已有巴新、斐济、萨摩亚、汤加、库克群岛、瓦努阿图等太平洋岛国加入亚投行，为推动太平洋岛国的基础设施建设、贸易、投资等领域发展注入新能量；伴随基础设施的不断改善，参与“一带一路”建设还让太平洋岛国得以培育和发展资本市场。例如，2018 年巴新政府刚完成该国首只主权债券的全球推广，获得国际各大金融机构 600%的超额认购。“一带一路”通过无偿援助、优惠贷款等形式支持太平洋岛国的基础设施建设，包括交通设施的互联互通，通信网络的融合，为发展中国家提供了一个与中国市场融合的重大经济合作机会。例如，在斐济优惠贷款项目纳布瓦鲁公路、汤加弗阿阿莫图社区道路项目、萨摩亚法雷奥罗国际机场升级改造项目、瓦努阿图卢甘维尔国际码头扩建项目建设中，中资为太平洋岛国互联互通做出重要贡献，对其交通运输、贸易、物流、旅游便利化等起到积极推动作用。

第二，加强贸易往来，推动太平洋岛国经济发展。自 2006 年“中国—太平洋岛国经济发展合作论坛”建立以来，双边贸易额年均增幅27.2%，直接投资年均增长63.9%，双方在经贸领域的互利合作呈现蓬勃发展的势头。2014年习近平主席在访问太平洋岛国时宣布，中国为太平洋岛国最不发达国家97%税目的输华商品提供零关税待遇，并承诺中国对太平洋岛国的投入只会增加不会减少。在“一带一路”倡议下，太平洋岛国积极考虑通过亚洲基础设施投资银行等进一步拓宽融资渠道，并主动来华推介优势项目，寻求经贸双边合作，搭乘中国发展快车，实现自身经济快速发展，从而造福岛国人民。

第三，夯实教育文化合作，实现与岛国的民心相通。2014年习近平主席与太平洋岛国领导人集体会晤时提出，未来五年，为太平洋岛国提供2000个奖学金和5000个各类研修培训名额，并继续派遣医疗队到有关岛国工作，鼓励更多中国游客赴岛国旅游。另外，中国还在斐济设立中国文化中心，从而大力促进中国与太平洋岛国人文交流；在深圳举办的博览交易会，展示了岛国独特的艺术风情，增进了双边文化交流合作。通过扩大双方间留学生规模，加强旅游、卫生、文化、媒体等领域交流，中国与太平洋岛国关系将奠定坚实的民意基础。

第四，增进新能源与抗灾合作，推动可持续发展。2015年，中国宣布出资建立“中国气候变化南南合作基金”，以此为框架，在能力建设、政策研究、项目开发等领域为包括太平洋岛国在内的广大发展中国家应对气候变化提供更多支持。近年来，中国在太平洋岛国地区实施了小水电、示范生态农场、沼气技术等项目，向有关岛国提供了节能空调、太阳能路灯、小型太阳能发电设备等绿色节能物资，资助太平洋区域环境署开展应对气候变化项目，为岛国应对自然灾害提供物资援助和人员培训。另外，中国积极援助斐济抗击“温斯顿”风灾，向遭受厄尔尼诺旱灾影响的密克罗尼西亚联邦伸出援助之手，协助巴布亚新几内亚政府防控疟疾疫情。这些行动有效维护了岛国的安全与稳定，为南太平洋地区的发展与繁荣提供了坚实保障。

第五，新兴领域合作路径广阔。随着“一带一路”内涵的不断丰富，“数字丝绸之路”“绿色丝绸之路”等理念为世人周知。发展数字经济、绿色经济，为中国同太平洋岛国的合作拓展了新领域、提供了新路径。2018年11月在巴布亚新几内亚举办的亚太经济合作组织（APEC）领导人非正式会议的主题是"把握包容性机遇，拥抱数字化未来"。从会议主题和议程看，未来中国和太平洋岛国合作不会只停留在农业、渔业、基础设施、自然资源等传统领域，数字经济等新兴领域也有望成为双方合作内容。目前中国在发展数字经济方面，特别是在电子商务领域走在很多国家前面，阿里巴巴旗下的电商平台在南太岛国居民中广受欢迎，在此方面，太平洋岛国企业有巨大的学习借鉴中国经验的动力。同时，气候变化导致的海平面上升和海岸侵蚀等灾害，给太平洋岛国的生存环境带来巨大威胁。应对气候变化，是太平洋岛国经济发展与对外合作的优先议题之一。作为最大的发展中国家，中国在环境治理、节能减排、发展绿色低碳技术等方面进步巨大，能够在支持太平洋岛国应对气候变化、发展绿色经济等方面发挥独特作用。

（三）巴布亚新几内亚：基建先行、高度互补，双边发展潜力巨大

随着"一带一路"合作不断加深，中国与巴新的经贸关系迅速发展。巴新是中国在太平洋岛国地区第一大贸易伙伴，中国成为巴新第一大外资来源地和第一大工程承包方。近些年，"一带一路"项目在巴布亚新几内亚各处落地开花，在巴新东高地省，中国企业和高校与当地政府合作共建中巴新农业产业园，在巴新首都，新建的公路四通八达，还有崭新的校舍，升级改造的机场设施等。随着两国关系的日益紧密和加深，两国在"一带一路"框架下的合作潜力巨大。

一是战略调整后，中国已经成为巴新在南太平洋最大的投资来源国。巴新国土面积为46.28万平方公里，由600多个岛屿组成，西与印度尼西亚接壤，南隔托雷斯海峡与澳大利亚相望，是南太平洋岛国中陆地面积最大的国家。巴新拥有丰富的自然资源和巨大的发展潜力，矿产、石油和经济作物种植是其支柱产业。巴新已探明铜矿储量2000万吨，居世界第10位。黄金储量3110吨，居世界第11位。此外还有富金矿、铬、镍、铝矾土、海底天然气和石油等资源。巴新还拥有丰富的农、林、渔业资源，是太平洋岛国地区

最大的椰油和椰干生产国，是南太平洋地区第三大渔区。盛产金枪鱼、对虾和龙虾。中国与巴新在基础设施建设、高端食品销售方面具有互补特性。

但此前巴新的战略一直是“向南看”，随着亚洲地区尤其是中国经济的蓬勃发展，巴新开始调整战略，积极发展同中国的关系，并于 2018 年 5 月正式加入亚洲基础设施投资银行。同时巴新政府集中精力发展经济，制定了《2010—2030 年发展规划》等发展战略规划，一系列的举措使巴新经济实现了连续较快增长。近年来，巴新与中国经贸合作交往日益频繁。巴新已经成为中国在南太平洋最大的投资目的地。尤其是 2012 年两国合作投产的瑞木镍矿项目，这是迄今中国在太平洋岛国地区最大的投资项目。2017 年，中巴新贸易额为 28. 3 亿美元，同比上升 24. 4%。

二是基建先行，未来合作潜力巨大。落后的基础设施令巴新“与世隔绝”，经济发展被严重制约。境内公路里程非常少，货物运输基本依靠海运和空运，设施完备的现代化货运港口基本没有，机场设施落后。随着中国巴新合作的一批重大项目的陆续竣工，这一情况正在改变。中企负责升级改造的巴新戈罗卡机场目前正式开始运营、巴新国家法院项目行政楼已经封顶、“政府大道”项目已于 2018 年 10 月 APEC 会议期间投入使用。

除了基础设施以外，努力推进经济的多元化，在相当大程度上成为巴新政商两界的共识。此前巴新对矿业和大宗商品市场的过度依赖，导致巴新形成单一的经济结构，抗风险能力较弱。目前，巴新正在发挥自身优势，凭借其环境污染小，大量肥沃的土地能达到世界顶级的无污染、有机食品的土壤要求，积极寻找能够消化这些农产品的高端市场。而对食品健康需求越来越高、市场潜力巨大的中国，无疑可以成为巴新的合作伙伴。2018 年 6 月巴新总理奥尼尔在访华期间也表示，期待在经贸、投资、农业、旅游、基础设施等领域同中方扩大合作。

三、总结与建议：需要双边共同的努力与智慧

针对上文对“一带一路”沿线欠发达国家战略对接方面的梳理与分析，

面对诸多复杂的不同国情下的现状与问题，我们应该明白"一带一路"的顺利推进与建设，需要双边共同的努力与智慧。

（一）合作双边国应加大法律层面的对接与沟通

随着"一带一路"沿线国家的双边经贸合作水平不断提高，中国对海外投资快速增长，中国企业深度参与了海港、机场、发电站等重要基础设施建设，已经是很多海外国家的重要投资国；因此，尤其是以"产业园模式"的中国经验输出，为保障合作的进一步稳定与发展，双边应进一步加强法律层面的"政策沟通"，推动被投资方不断优化营商环境，保障中资企业在内的投资者权益。例如，斯里兰卡科伦坡港口城、火电发电项目、汉班托塔港、贾夫纳内环公路等。2016 年，中国首次成为斯里兰卡最大贸易伙伴和进口来源国，双边贸易额达到 45. 6 亿美元，已是斯里兰卡最重要的投资国之一。在此基础上，可持续且稳定的合作应从以下三个方面来加强：

第一，签订具有国际法意义的条约。双边可以通过世界贸易组织等国际组织签订互认互通的双边协定，如《关于解决国家与其他国家国民之间投资争端公约》等；也可以通过"一带一路"国际合作高峰论坛和两国建交周年庆祝会上，全力完成覆盖货物贸易、服务贸易、投资和经济技术合作等内容的自贸谈判。

第二，中方可以支持东道国出台园区发展的最高立法。大力支持被投资国将双边或诸边的 FTA、BIT 等有关规定转化为更加具体明确的国内法的做法，进一步强化保障机制。同时，大力支持其通过中央或中央授权特别立法，对标高标准国际经贸规则，对投资自由化、贸易便利化、金融开放、税收、出入境、纠纷解决等基本问题进行规定，保障投资者权益。

第三，构建园区建设对话机制。在双边或多边的国家经济外交对话协调机制下如"一带一路"国际合作高峰论坛、中斯经贸联委会机制等，增设高级别的园区建设和对话机制。

（二）跨越差距，加强对边陲岛国的认知与平等互补性合作

一是应继续坚持不附带任何政治条件的务实合作。在不同社会制度下，

通过求同存异，排除一切政治障碍，实现共建、共享、共赢。太平洋岛国多数国家经历过西方的殖民统治，在20世纪中后期开始独立。独立后，各国采取了不同的政治体制。中国是社会主义国家，中国政府一贯主张国家不分大小，所有国家一律平等。2014年11月，习近平主席在同太平洋岛国领导人举行会晤时表示，中方尊重各岛国自主选择符合本国国情的社会制度和发展道路，支持岛国以自己的方式管理和决定地区事务，支持岛国平等参与国际事务、维护自身合法权益。这是1985年以来中国政府一以贯之的主张和做法。在共建“一带一路”过程中，中国“不输出政治意识形态”，对外援助“不附加任何政治条件”，获得了岛国政府和领导人的认同。

二是应加强对边陲岛国的深入研究。以太平洋岛国为例，其交通不便，长期游离于国际政治边缘。在“二战”后的长期发展过程中，其官方语言（英语）、教育体系、制度设计已普遍西化；本地的经济与政治精英多在英美澳等地接受高等教育，因此也对美、澳在这些岛国具有文化认同的历史基础。

随着中国综合国力的提升，岛国对于中国所需承担的责任的期望值也越来越高。目前中国参与岛国的开发仍以政府无偿援助、低息贷款为主，援助领域基本以基础设施等非营利的公共产品领域为主，中国政府援助与中国企业进入渔业、矿业等资源行业获取利润并承担社会责任方面尚未形成公共产品与市场产品的良性互动关系。而中国对太平洋岛国的研究尚处于起步阶段，成果较零散，不够深入，且相关研究往往关注的并非太平洋岛国，而是亚太关系及亚太区域化等大国政治问题，直接导致中国对太平洋岛国无法形成清晰、深刻、系统的认知，不能制定系统化的顶层设计。面对落实“一带一路”倡议的新形势，未来应着力加强针对太平洋岛国的系统性国别研究，尤其是对太平洋岛国的历史文化背景、经济社会发展、政治外交关系等研究，推进我国在太平洋岛国区域进行精准战略定位，进行高效、务实合作。

三是应跨越文化差异，继续加强更多人文层面的交流与互动。不同的地区孕育不同的文化，不同的文化培育不同的风俗和习惯。太平洋岛国地处赤道附近，特殊的地理环境和气候特征，造就了当地族群特殊的生活模式，即“太平洋文化圈”。“太平洋文化圈”包括“共享”文化、宗教文化、休闲文化、消费文化等。文化交流是共建"一带一路"的重要组成部分。通过开展文化交流、学术往来、人才交流合作、媒体合作、青年和妇女交往、志愿者服务等，为深化双方多边合作奠定坚实的民意基础，实现民心相通。切忌用中国思维去改变岛国的文化传统。要在相互尊重的基础上，增强对彼此文化的了解，建立关系，增进友谊，实现不同文化的融合，不同文明交流互鉴。只有这样，才能理解彼此的基本价值与行为，并遵守基本对话原则。

四是超越经济社会发展差距与地缘政治边界，共同打造开放、包容、均衡、普惠的区域经济合作架构。太平洋岛国属于发展中的海洋国家，除巴布亚新几内亚、斐济、所罗门群岛外，多数岛国国土面积狭小，人口少，基础设施落后。岛国远离世界贸易中心，经济发展缓慢。与同为发展中国家的中国相比，太平洋岛国发展较为落后。在共建"一带一路"过程中，要撇开经济差异，寻找共同点，帮助岛国在现代化浪潮中抓住机遇，实现经济发展、基础设施改善、教育提升、就业增加。岛国有岛国的国情和特点，不能用经济指标的尺子去丈量。通过与波利尼西亚、美拉尼西亚、密克罗尼西亚三个次区域合作，与岛国经济发展规划和"蓝色经济"对接，促进太平洋岛国实现经济协调可持续发展，推动经济要素有序自由流动、资源高效配置和市场深度融合。

同时，应跨越地缘政治边界，在不断互动与深入沟通理解的基础上，加强在经贸、旅游、农渔业、能源资源、基础设施建设等领域的交流合作不断加深。在同太平洋岛已经确立了国家相互尊重、共同发展的战略伙伴关系的基础上，通过参与中国举办的博览会、洽谈会、推介会、对话会等，扩大对沿线所有国家的开放；太平洋岛国有丰富的海洋资源，还有诸多矿产资源，且所在区域位置重要，是东西、南北两大战略通道的交汇处，是传统地缘政治眼中的边缘地带，美国、澳大利亚、俄罗斯、法国、英国、日本等西方大国都有介入，中国不参与此地区的大国竞争，在和平共处五项原则的基础上同南太平洋各国以及世界上其他国家发展关系。

（三）加深且拓展，中国经验在欠发达地区生根与成长

中国在非洲建设的铁路和境外经贸合作区在空间上逐渐形成了"铁路+港

口+产业园区”的格局，中非全面经济合作的轮廓渐现，但基于中非产能输出和装备制造的合作，仍有巨大的优化前景。

首先，“授人以鱼不如授人以渔”，中国在非洲建设的铁路大多数以EPC工程承包的模式进行，目前仅亚吉铁路明确由中国运营，为保障“一带一路”合作项目的可持续性，更为带动整个非洲经济的健康发展，需探索将铁路的产业链向上和向下在非洲进行延伸，经由铁路实体网络带动铁路产业网络在非洲的构建。

其次，“铁路+港口+产业园区”的空间格局显现，但是铁路和对外经贸合作区在建设的时序协同和运营的呼应有待优化，将“铁路+港口+产业园区”的实体网络建成中国产业在非洲有序落地和发展的脉络，是推动国内成熟产业以“雁阵模式”走入非洲、推动中非国际产能和装备制造合作进一步向纵深发展的关键。

最后，境外经贸园区入园企业的规模逐渐形成，但由企业集聚形成的同向产业合力尚待形成，全产业链的合作有待成为中非深耕“一带一路”倡议共赢合作的重点方向。

下 篇

资金融通

第九章

“一带一路” 项目落地与资金融通

一、“一带一路”资金融通遭遇“美元陷阱”

(一)“美元陷阱”的定义及内涵

伴随着经济全球化的推进，由一种或少量若干种货币在国际经济活动中承担国际化货币职能，可以大幅降低交易成本，对全球经济的发展是十分必要的，历史上黄金、白银、英镑、美元等都承担过或正在承担国际化货币职能。当前，美元是世界上占据绝对统治地位的国际货币，截至2016年底，在全球贸易结算、外汇交易、外汇储备中所占比重分别高达67%、88%、64%。根据中国人民大学基于货币在国际经济活动中使用情况的相关测算，2016年第四季度美元国际化指数（54.02）超过欧元（24.57）、英镑（5.50）、日元（4.25）和人民币（2.26）之和 。

所谓“美元陷阱”，是指世界各国均把美元作为主要国际交易及储备货币，但由于美元的发行和使用缺乏有效约束和制衡，导致美元风险成为国际货币体系不稳定的最主要来源和世界各国经济发展难以承受的负担。美元在很大程度上扮演着世界货币的角色，但美联储始终是美国的央行，而不是全世界的央行，美国政府和美联储总是从美国自身的利益出发实行货币政策，从而带来国际资本非正常的剧烈流动，进而引发国际金融市场震荡，为全球尤其是发展中国家的储备资产保值、金融体系稳定和经济持续增长带来巨大风险甚至灾难。

例如，1997 年的亚洲金融危机很大程度是亚洲国家的"美元支付危机"，在国际支付手段上过分依赖美元的亚洲发展中国家，面临美联储回收美元流动性束手无策，形成一轮又一轮的债务违约，最终累及经济的稳定与发展；再如，2008 年全球爆发金融危机之后，美国推出了多轮量化宽松货币政策，以改变美国经济低迷、投资者和消费者缺乏信心等问题，但大量印制美元的"单方面行为"给其他国家带来资产泡沫扩张、美元资产加快贬值、汇率频繁波动等不利影响，进而影响了全球经济复苏步伐；即使在没有发生经济危机的正常年份，在美元汇率发生大幅波动时，各国也面临着"放弃汇率稳定来换取宏观经济政策的自主权"还是"放弃独立的宏观经济与货币政策来换取汇率稳定"的"两难选择"。

从美元国际化的历程来看，美元达到当前"一家独大"的国际化水平并不是一蹴而就的，而是伴随着全球经济交往的深化，其国际化水平也在不断提升，甚至中国对外开放也对美元国际化形成"强大助力"。伴随着 1944 年 7 月布雷顿森林体系的建立以及 1947 年 7 月至 1951 年 7 月马歇尔欧洲援助计划的实施，美元逐步取代英镑成为欧洲各国承认的最主要国际化货币，美元国际化的主要市场是"欧洲美元"；随着第二次世界大战后以日本、韩国为代表的亚洲出口型经济的快速发展，亚洲由此产生了巨额财富积累和外汇储备，产生了庞大的"亚洲美元"市场；70 年代中期石油输出国由于石油价格大幅提高后增加的石油收入，又产生了"石油美元"市场；80 年代以来伴随着中国的外向型经济快速发展，中国成为全球最大的商品出口国，因此积累了巨额美元外汇储备，在客观上也大大增强了美元的国际地位。综合来看，"二战"以来，伴随经济全球化的不断深化，美元的国际化水平持续上升，货币霸主地位不断巩固，最终形成世界各国经济发展中所不得不面对的"美元陷阱"。

（二）"一带一路"资金融通目前仍以美元为主，人民币占比很小

2013 年 9 月和 10 月，习近平主席正式提出建设"丝绸之路经济带"和

"21 世纪海上丝绸之路"（简称"一带一路"）战略构想，并倡议从加强政策沟通、道路联通、贸易畅通、货币流通、民心相通五个方面来共同建设"一带一路"。目前，已经有 100 多个国家和国际组织积极响应，有 50 多个国家已经与中国签署了相关的合作协议。

"一带一路"建设将活跃的东亚经济圈与发达的欧洲经济圈连接在一起，沿线核心区域涵盖亚洲的大部分区域及欧洲、非洲部分区域，经贸合作潜力十分巨大，全方位拓展了我国对外开放新空间。2014—2016 年，我国对"一带一路"沿线国家进出口额达 3.1 万亿美元，占同期外贸总额的 1/4 以上，对沿线国家直接投资近 500 亿美元，占同期对外直接投资总额的 1/10 左右。2016 年，我国与"一带一路"沿线国家进出口总额 6.3 万亿元，占我国贸易总额比重达 25.7%，相对 2001 年增长了 9.2 个百分点，我国与"一带一路"沿线国家贸易依存度越来越高；我国企业共对"一带一路"沿线进行非金融类直接投资 145.3 亿美元，沿线国家已经成为我国对外投资的重要目的地；一批重大工程和国际产能合作项目落地，高铁、核电"走出去"迈出坚实步伐，境外经贸合作区建设不断加快；亚投行、金砖银行、丝路基金、国家开发银行和中国进出口银行等一大批金融机构加大服务"一带一路"建设力度，仅仅国家开发银行对"一带一路"沿线国家贷款规模就高达 1100 亿美元。

"一带一路"建设大大促进了相关国家的互联互通，从而促进国际贸易和投资，但相关数据显示"一带一路"资金融通中人民币所占份额仍然很小。以跨境贸易结算为例，根据中国人民银行统计，2016 年，我国与"一带一路"国家跨境贸易人民币实际收付金额约占跨境贸易额的 14%，远远低于我国整体 25%的水平。其中，占比超过 10%的只有 7 个国家，5%～10%的只有 2 个国家，其余 55 个国家的比例均在 5%以下，这说明我国与"一带一路"沿线国家贸易不仅没有促进人民币在跨境贸易结算中的使用，反而拉低了人民币在跨境贸易结算中的所占比重。同样，在中国对"一带一路"国家跨境直接投资、跨境贷款等领域，美元也是最主要的计价结算货币。SWIFT 数据显示，尽管我国国际收支总体平稳，但相比 2015 年，2016 年人民币支付金额下降 29.5%，人民币占国际支付的份额从 2015 年 12 月的 2.31%下降至 2016 年

12 月的 1.68%。可以说,"一带一路"在推进广大发展中国家经济对外开放和全球经济一体化的同时,也大大加强了美元的国际化使用,进一步增强了美元的国际化地位。

(三)"美元陷阱":美元主导"一带一路"资金融通的弊端

从短时期来看,"一带一路"资金融通使用美元硬通货的市场惯性很难改变,但从长期来看,美元主导"一带一路"资金融通的模式是难以持续的。

一方面,中国及沿线国家美元储备难以承担"一带一路"建设庞大的资金融通需求。仅就基础设施建设的融资需求进行分析。"一带一路"区域发展不平衡,沿线国家对基础设施融资需求巨大。根据亚洲开发银行估计,2016—2030 年,亚洲地区基础设施投资需求总计达 26 万亿美元,年均投资需求 1.7 万亿美元;根据中国社会科学院测算,中方当前推动的中蒙俄、新亚欧大陆桥、中国—中亚—西亚、中国—中南半岛、中巴和孟中印缅六大国际"经济合作走廊"基建资金需求量超过 2 万亿美元。尽管从长期来看,大多数建设项目是有商业回报的,但未来相当长时间都是持续投入期,回报期非常长,资金周转慢。沿线国家作为基础设施的最终使用者和付费者,没有如此庞大的美元外汇储备支撑这一融资需求;而我国尽管拥有居全球第一、超过 3 万亿美元的外汇储备,但我国的外汇储备主要将用于保障我国国际收支以及人民币汇率的稳定,只有很少一部分外汇储备可以用来支持"一带一路"基础设施建设,显然难以满足如此庞大的资金需求。

另一方面,"一带一路"资金融通面临美国经济以及美元不确定性带来的"货币错配"风险。以美元单一货币为核心的国际货币体系存在多重弊端和缺陷,美元的发行不再需要黄金准备作为前置条件,美国政府有更大的"积极性",通过货币超发为美国自身赤字"无限融资",而把所有相关的成本和风险转移给美元持有国及使用国。"一带一路"建设非朝夕之功,需要长时期的持续投入,如果始终保持美元在"一带一路"资金融通中的主导地位,美国的货币政策及美元的市场波动、跨境流动必将为"一带一路"建设带来巨大的"资金错配"风险。例如,美国货币政策处于扩张期时,国际市场充盈着大量廉价美元，推动大型项目纷纷“上马”，而一旦美国国内经济形势发生变化、货币政策开始收紧，不仅项目后续建设的资金成本快速上升、资金需求不能得到满足，而且项目建设中形成的美元债务也可能被要求加速偿还，国际收支危机发生往往在旦夕之间，亚洲金融危机的殷鉴不远。

此外，美元主导“一带一路”资金融通不符合中国及沿线国家的核心根本利益。从屡屡发生的金融、经济危机可知，发展中国家在国际储备和支付手段上过分依赖美元，会导致该国的国际收支、经济开放乃至本国货币政策受到美元及美国经济的强大制约，稍有不慎就容易触发国际收支危机乃至金融危机，影响金融稳定和经济持续健康发展。鉴于美元“霸权”带来的一系列问题，以中国为代表的发展中国家普遍要求对国际货币体系进行改革，推进国际化货币的多元化和国际货币权力的分散化，加强对美元的制衡，提升国际货币与金融体系的稳定性。“一带一路”建设影响力极大，对沿线各国经济开放乃至全球经济发展将产生巨大推动作用，如果任由美元在“一带一路”资金融通中发挥主导作用，可以想见美元“霸权”地位将进一步加强，中国及广大沿线国家的核心利益将受到损失。

二、以人民币国际化破解“一带一路”美元陷阱

（一）借鉴美国、日本和德国以本币国际化的经验推进区域资金融通

1. 美国以美元国际化推进欧洲资金融通

（1）马歇尔计划以“有条件援助”推动美元的广泛使用。1944 年 7 月布雷顿森林体系从制度和名义上确立了美元的国际化地位，但当时国际贸易的 40%左右仍沿用英镑结算，英镑还是最主要的国际结算及储备货币。“二战”后，欧洲国家的工业生产与出口能力几乎完全瘫痪，各国的黄金、外汇等储备在战争中已经消耗殆尽，而欧洲的重建又需要从美国、加拿大、澳大利亚等国大量进口各种生产生活物资，此时英国已经没有能力再大量输出英镑用

于国际交易，欧洲国家重建面临着"资金荒"问题。

美国顺势推出"马歇尔计划"，通过提供优惠美元信贷、无偿美元援助等援助方式，在国际货币的"空档期"推进美元国际化使用，有效缓解困扰欧洲重建的"资金荒"，同时也为美国自身的产业发展和产品出口获得巨大市场。从1948年4月杜鲁门签署对外援助法，到1952年6月执行马歇尔计划的经济合作署（Economic Cooperation Administration）结束全部工作，欧洲各国共接受美国包括金融、技术、设备等各种形式的援助合计131.5亿美元，占美国当年财政预算的13%和当年美国国内生产总值的5.4%以及占整个计划期美国国内生产总值的1.1%。数据也显示，在马歇尔计划的援助和贷款使用中，欧洲从美国进口约101亿美元物资，占美国全部援助金额的80%左右。同时，马歇尔计划还通过"有条件援助"项目的实施，使美元逐步"渗透"成为欧洲各国之间交易的结算单元，打破欧洲内部货币不能自由兑换、贸易与投资壁垒森严的格局。所谓"有条件援助"是指，当欧洲一国向另一国提供货物而后者缺乏支付手段时，美国则给予前者相当于后者赊款数额的美元货款予以结算，后者则与美国在各自的对等基金账户上登记了账。这一援助条件在客观上打破了欧洲内部货币不能自由兑换的束缚，建立了欧洲内部多边支付机制，有力推动了欧洲国家之间的贸易和投资。1948年10月16日，欧洲受援国在美国提议下缔结了多边的欧洲支付协定，美元成为其主要结算货币；1950年9月19日，欧洲支付同盟（EPC）正式宣告成立，成员国来自贸易的收入和支付由国际清算银行统一掌管，各国在同盟内部有债权和债务地位，差额用美元或黄金清算，美元由此正式成为欧洲国家间的结算货币。

（2）依托离岸市场发展突破美元融通的资本管制障碍。从欧洲美元市场的发展经验来看，在美国本土资本管制条件下，伦敦作为美元境外离岸市场中心为离岸美元提供了不亚于甚至优于美国本土市场的投融资与金融交易的市场和条件，成为美元全球循环流通体系的重要组成部分，有效推进美元国际化进程。

1944年确立的布雷顿森林体系是以美元和黄金为基础的金汇兑本位制，基本内容包括美元与黄金挂钩、其他国家的货币与美元挂钩以及实行固定汇率制度。由于欧洲银行利息率较高，但美国本土则因执行锁定利率上限的Q条例（regulation Q），使美国国内资本大量外流。为了改善国际收支状况，美国实施了“自愿限制对外信用计划”（限制美国国内银行对外国发放贷款）、“利息平等税”（对资本跨境流动征税）等一系列资本管制措施。在美国本土实施资本管制期间，伦敦完备的金融市场满足了离岸美元持有人的金融投资需求，美元国际化进程不但没有放慢还大大加快了，以伦敦为中心的欧洲美元市场持续扩容，从美国采取资本管制政策的1963年起至开始解除资本管制措施的1973年十年间，欧洲美元存款规模从70亿美元增长到1321亿美元，增长了18倍。即使在美国解除本土资本管制之后，伦敦的美元金融市场仍然保持着强大竞争力。根据BIS统计，到2010年底，欧洲美元存款达4.2万亿美元，相当于美国境内美元存款的1/3左右，伦敦仍然是欧洲美元乃至全球离岸美元循环流通的“心脏”，拥有全球最大美元外汇交易市场、全球最大美元银行间同业拆借市场、全球最大美元计价原油期货市场、全球最大离岸美元债券市场等金融市场。

2. 日本以日元国际化推动亚洲资金融通

（1）日本推行“黑字还流”计划。日本1987年至1991年曾推出合计总额约为650亿美元的“黑字还流”计划（Capital Recycling Program），旨在将国际贸易盈余（黑字）以投资方式流回亚洲国家为主的广大发展中国家，一方面是为了减少经常项目盈余带来的国际压力，另一方面也希望推动日元和日本企业“走出去”，在提升日元国际化水平的同时提升日本企业国际竞争力，同时还有助于解决亚洲广大发展中国家经济发展所普遍面临的资本不足等问题，从而受到亚洲广大发展中国家的欢迎。东亚是“黑字还流”贷款的主要接受地区，中国得到“黑字还流”资金1400亿日元，在一定程度上缓解了我国当时外汇紧缺的问题。

在发展成效方面，一是日本国际收支平衡状况有效改善。“黑字还流”计划实施期间，日本对外投资总量超过10116亿美元，国际收支差额（资本账户赤字抵消经常账户黑字后）从422.2亿美元缩减至85.1亿美元，1987年后日本外汇储备基本稳定在700亿美元左右。二是日本企业和日本经济的竞争力大幅提升。日本企业充分利用发展中国家生产成本较低的优势，通过大量的对外投资，将低端、劳动密集型产业大量向亚洲发展中国家转移，使日本对全球经济的影响力显著提升。按照海外资产排名，1990 年全世界最大的 100 家非金融类跨国公司中，日本有 12 家，仅次于美国（26 家）和法国（14 家）；1989 年日本海外银行资本达 19672 亿美元，超过美、英、法、联邦德国四国的总和，占全球国际银行总资本的 40%。三是日元国际化水平尤其在亚洲地区地位全面提升。随着资本的不断输出，日元在国际结算、储备、投资与信贷以及国际市场干预方面的作用全面提升。"黑字还流" 计划一共向海外提供了约 650 亿美元的等值日元贷款资金，不仅通过双边渠道直接向外国政府提供日元贷款，而且充分利用国际开发性金融机构，向其提供日元资本和日元贷款资金，实现了日元的大规模输出和在境外的有效沉淀。日元在各国（主要是亚洲发展中国家）外汇储备中的比重不断提升，于 1994 年达到历史高点的 12%，同期以日元计价的国际债券市场占有率也达到 13. 3%。

（2）以政府援助资金撬动商业化资金。从资金来源看，"黑字还流" 计划资金主要通过政府发展援助预算资金和私人储蓄资金等两方面筹集。

政府发展援助（ODA）预算资金主要包括两类：一类是一般会计预算，全部来源于国家税收，属于无成本资金；另一类是财政投融资，属于有成本资金，主要来源于向国民借入的邮政储蓄、国民年金、养老保险、发行国债，均为日本政府向家庭融入的，并且需要还本付息的低息资金。政府 ODA 预算资金主要用于向国际金融机构融资以及为海外协力基金的援助性日元贷款融资，其中 30%来源于无成本资金，70%来源于低息资金。通过向国际开发性金融机构出资参与多边援助，日本政府发展援助迅速增长，1989 年总额首次超过美国居世界第一，1991—1992 年连续两年居首位。如此不仅能提升日本在国际开发性金融机构中的份额与话语权，缓解国际收支盈余压力及与发达国家间政治矛盾，更能提升日本在世界特别是在亚太发展中国家的地位，展现日本履行国际责任的良好形象。

私人储蓄资金主要来源于家庭和企业的储蓄，属于高成本资金，主要通过商业银行存款、日本进出口银行发行债券以及外国政府和国际机构发行日元债券等途径筹集，主要用于向日本进出口银行和日本商业银行发放的商业性日元贷款融资。总体而言，在政府发展援助预算资金的有效撬动下，私人储蓄资金是“黑字还流”贷款的主要来源，在650亿美元中有460亿美元来自私人资金，占比约为71%。

（3）“黑字还流”成效在亚洲金融危机中毁于一旦。日本实施“黑字还流”计划和日元国际化战略，依托经济、产业和贸易的优势迅速取得巨大成功，但发展成效在亚洲金融危机中损失殆尽。20世纪90年代初，日本“泡沫经济”破裂，实体经济也深受影响，日本企业“走出去”发展的动力持续减弱。1997—1998年的亚洲金融危机中，为避免亚洲金融危机对日本本国经济的冲击，日本迅速从亚洲发展中国家抽回资金，同时在外汇市场主动寻求日元贬值来缓解经济压力，无论是日本企业还是日元在亚洲国家中的吸引力都大大下降。如今，日元已经不是一个重要的国际货币，日元在世界各国的外汇储备所占比重从1994年的12%左右降到2015年的4%左右，还不及20世纪80年代日元国际化起步阶段；在外汇交易中，日元所占比重从30%左右降到20%左右（由于外汇交易都是两种货币之间交易，市场所占比重合计200%）；在国际债券中，日元的比重从13%降到不到2%，不及美元、欧元的零头，排名第三的英镑占有比重约10%；根据2015年环球同业银行金融电讯协会（SWIFT）跨境支付的币种统计，日元所占比重虽然占到第四，但是2.78%的市场份额被美元（43.89%）、欧元（29.39%）、英镑（8.43%）远远抛在后面，甚至相对于国际货币“新秀”——人民币（2.31%）也没有明显优势了。

3. 德国以马克国际化推动欧洲资金融通

（1）马克依托德国产业与产品优势成为贸易计价结算货币。在美元主导的布雷顿森林体系之下，因为美元存在所谓“特里芬悖论”（美元作为唯一的国际货币，其他各国为了国际贸易的开展需要储备大量美元，美国需要长期处于贸易逆差状态；但同时美元作为国际货币核心的前提是必须保持美元币值稳定与坚挺，这又要求美国需要长期处于贸易顺差国地位，这两个要求彼此矛盾）导致全球货币金融体系频繁在“美元荒（短缺）”与“美元灾（过剩）”之间摇摆，寻求美元的替代品成为以德国为代表的世界主要贸易与经济大国的战略选择。

"二战"后，德国工业部门和出口增长迅速，长期保持着"出口冠军"的地位，其出口额超过全球总额的10%，其中汽车及零配件、机械设备、化工产品、钢铁和其他金属制成品以及电子电气设备这五大类产品是"德国制造"的核心和集中代表，超过了德国出口总额的一半以上。在这些优势领域的德国出口企业在与国际买家的交易中可以凭借自己独一无二供应商的地位，往往能够占据国际贸易谈判的优势地位，为自己争取到有利的贸易条件，其中最重要的一个条件就是——以马克进行贸易结算。在20世纪80~90年代全球主要制造业和工业发达国家中，德国出口产品的80%左右都是用本币——德国马克来计价结算的，这一比例除了美国之外是全球最高的。对于其他国家而言，选择马克可以作为美元储备不足时的一个重要替代品，即使在不涉及德国的贸易中，也有越来越多的欧洲国家选择以德国马克作为计价结算货币，德国马克的使用范围越来越广阔。到1992年，全球贸易中以马克计价结算的比重已经达到15%，仅次于美元，特别是欧洲国家之间的贸易结算，马克与美元几乎处于同等重要地位。可以说，先进的"德国制造"为马克的国际化奠定了坚实的基础。

（2）发展金融市场推进马克发挥金融投资职能。德国央行在传统上近乎偏执地把物价稳定作为唯一的货币政策目标，让德国马克币值保持长期稳定，在全世界公众心中牢固树立起"铁马克"的良好印象。同时，德国通过推动金融市场与金融机构海外扩张的方式为马克国际化提供支持。自1980年起，为鼓励国内银行走出去，德国放松了对证券交易的限制，鼓励银行参与证券交易，1986年又扩大了银行经营的业务范围，至1990年德国在国外的银行分支机构达到225家。随着德国金融体系的健全完善，德国金融市场也开始蓬勃发展。1989年德国取消了利息收益预提税和更多限制金融市场发展的规定；1990年德国期货交易所成立；1997年德国提出第三次振兴金融市场法案，以促进股票市场、信托业及金融控股公司的自由化；1998年全电子化的欧洲期货交易所成立。这些举措和便利条件大幅增强了以马克计价的金融工具的吸引力，使马克在国际金融市场中的比重逐步上升，推动了马克国际化的迅速发展。1972 年国际货币基金组织首次把马克列为国际储备货币，1980 年德国马克在全球外汇储备中的份额就达到 15%，此后一直是仅次于美元的第二大储备货币。

（3）依托马克国际化建设欧洲统一货币金融体系。伴随着布雷顿森林体系的崩溃和美元的快速贬值，世界各国货币开始实行浮动汇率制度。为降低汇率波动的不利影响，以德国为首的欧洲经济共同体成立联合浮动集团，保证不同货币之间汇率上下波动幅度不超过 2.25%，当成员国间汇率波动超过这一限幅时，有关国家中央银行就要进行干预，对集团以外其他货币的汇率包括美元在内则随市场供求关系变化自由浮动，为后来欧洲统一货币——欧元的诞生奠定了坚实的基础。

由于欧盟内部德国的经济实力最强，货币币值最为坚挺，因而德国马克成为欧共体其他国家最主要的汇率干预货币，在 20 世纪 80 年代末期，德国马克在欧洲货币体系的干预货币构成中已经占据超过一半的市场份额，马克逐渐成为欧共体国家事实上的"名义锚"。马克通过在欧洲区域合作逐步提升其在欧洲金融体系中的地位，为欧洲货币的统一和金融一体化发展创造了良好条件。

（二）人民币在"一带一路"资金融通中具备战略性优势

对于中国及"一带一路"沿线国家来说，使用人民币作为跨境资金融通的国际化货币具有多项战略性优势和良好的可持续性。

一是可以形成人民币"资本输出、贸易回流"的良性循环，减少美元依赖。中国是"一带一路"沿线国家最重要的贸易伙伴，"一带一路"沿线国家既有大量的资金需求，也需要进口中国的成套设备、项目承建等产品和服务。使用人民币进行投融资，沿线国家得到的人民币资金可以直接用于进口中国的商品和服务，造成一部分资金的回流。在此过程中，沿线国家满足了其自身的建设需要，中国商品、服务也"走出去"了，中国与沿线国家之间以人民币作为计价和结算货币，将大大降低对美元的需求和依赖，有效避免国际资本流动变化的冲击风险。

二是可以更好地调动中国国内储蓄等金融资源，扩大资金供给。由于“一带一路”建设长期处于投入期，短时期内少有商业回报，再加之国际评级机构对沿线国家普遍给予“差评”，导致美国与欧洲主要金融大国、大型金融机构对“一带一路”资金融通参与度不高，甚至有资金撤出的现象，因而“一带一路”的资金融通必须要有效利用中国与沿线国家的金融资源才能实现。在美元主导的资金融通体系下，中国与沿线国家可以参与的金融资源相当有限，人民币则成为“一带一路”倡议参与方最自然的选择。中国的储蓄率高达45%以上，在全球主要经济国家中居于首位，人民币资金池规模大，中国货币存量（M2）、存款规模超过150万亿元人民币，使用人民币作为资金融通工具，可以更好地调动中国国内储蓄等金融资源，为“一带一路”建设提供更加有效、可靠的长期资金支持。

三是可以有效规避企业汇兑带来的汇率风险，节约财务成本。使用美元作为“一带一路”资金融通货币，使中国与沿线国家开展国际贸易及投资等交易时，要经过“人民币—美元—沿线国家货币”或者“沿线国家货币—美元—人民币”两次汇兑，在汇兑成本上升时还伴随着美元汇率波动带来的汇率风险。相比而言，将人民币用于“一带一路”建设的计价、交易和结算，只需要进行人民币与沿线国家货币之间的一次汇兑，提高了结算清算效率，便利了贸易和投资，降低了换汇成本以及汇率波动带来的金融与经济风险，促进了企业收益水平和市场竞争能力的提升。

（三）“一带一路”人民币资金融通已具备一定基础和条件

目前，人民币在“一带一路”资金融通中积极发挥重要作用，已经具备了一定的基础和条件。

首先，人民币币值稳定且国际地位空前提升。国内外研究均显示，一国的经济实力是其货币能否获得国际货币地位的重要因素。改革开放40年来，中国经济实力不断壮大，国际地位不断提升，经济总量已升至世界第二位，对外贸易占全球14%，外汇储备超过3万亿美元，是世界最大外汇储备国和对外金融债权国，经济增速在世界大国中排名首位，这一系列有利因素为人民币币值做了可靠"背书"。伴随着人民币加入 SDR 并成为重要国际储备货币之后，各国对人民币的接受程度和需求不断提高，这为人民币在"一带一路"建设中的广泛使用奠定了良好基础。

其次，"一带一路"人民币资金融通的金融基础设施建设初见成效。历史实践表明，一国货币发挥国际资金融通作用需要完善、高效、安全和低成本的跨境支付清算系统等金融基础设施的支持，美元、欧元都形成了相对集中的全球清算体系，中国央行也在积极推动人民币全球清算体系建设，中国与沿线国家围绕人民币国际化的合作不断深化。自 2008 年以来，中国先后与 22 个"一带一路"沿线国家签署了本币互换协议，总额度为 9822 亿元人民币，此外中国还与 6 个"一带一路"沿线国家建立了当地人民币清算安排，与 8 个沿线国家签署了边贸或一般贸易与投资本币结算协定，中国正在大力发展的人民币跨境支付系统（CIPS）中参与者有相当比例是来自"一带一路"沿线国家的金融机构，这些都有效提升了沿线国家获取人民币和在"一带一路"建设跨境交易中使用人民币的便利性，有助于中国与沿线国家进行更大范围、更深层次的开放与融合。

再次，中国与沿线国家互设金融机构取得重要进展。截至 2016 年底，共有 9 家中资银行在 25 个沿线国家设立了 61 家一级机构，20 个沿线国家的 54 家商业银行在华设立了分支机构和代表处。通过推进金融机构大量互设，中国与沿线国家金融机构可以在市场化运作、不违背商业性和财务可持续原则的基础上，在"一带一路"建设上开展人民币投融资业务，更好满足中国及沿线国家贸易和投资等相关的金融需求。

最后，围绕"一带一路"建设的大规模人民币资金供给正在加速形成。根据"一带一路"国际合作高峰论坛宣布的相关成果，我国将在根据在原有出资 400 亿美元的基础上向丝路基金新增资金 1000 亿元人民币，原有 400 亿美元中的 300 亿美元待缴资本（约 2100 亿元人民币）也将以人民币出资补足；中国国家开发银行、中国进出口银行未来三年将分别提供 2500 亿元和 1300 亿元人民币专项贷款，用于"一带一路"基础设施、产能合作、金融合作；我国从政策上鼓励商业性金融机构开展"一带一路"人民币海外基金业务，规模初步预计约3000亿元人民币；中国国家发展与改革委员会将设立总规模1000亿元人民币中俄地区合作发展投资基金等。在我国中央政府的大力支持下，多边金融组织、政策性银行、商业化金融机构、股权投资基金等金融主体围绕“一带一路”建设，正在加速形成庞大规模的人民币资金供给。

（四）“一带一路”人民币资金有待形成有效循环流通机制

根据IMF《汇率安排与汇兑限制年报》对我国资本项目开放状态的评估，尽管近年来我国资本项目管制正在逐步放松（如允许合格境外投资机构QFII投资于国内的资本市场、减少对外直接投资的限制等），但总体来看，我国资本账户开放程度有限。依据IMF的评判标准，我国仅在非居民对内直接投资和直接清算清盘上达到了开放标准；完全限制的项目有非居民出售或发行货币市场工具，非居民出售或发行集体投资类证券，非居民购买、出售或发行衍生品及其他工具交易；其余项目有一定程度的开放，但也正在执行较为严格的资本管制政策。

但是，贸然开放资本项目管制也是不理智的。国内外研究表明，资本账户自由化（开放）的前提条件是发达的国内金融市场、强大的国内金融机构体系和市场均衡的本币汇率，过早地开放将使国内经济金融体系因外部冲击而遭受巨大损失。反观我国金融体系，金融自由化和市场化程度不高，金融市场、金融组织发展不够健全，汇率形成机制远未达到市场化，资本项目开放相关条件在我国的最终实现都需要相当长时间的准备和开展一系列制度变革，因而，在相当长时期内，我国不可能废除一系列资本项目管制政策而实现资本项目充分开放。

由于我国资本项目开放程度不高，境外人民币往往缺乏便利高效的金融投资和保值增值渠道，或者境外经济主体需要人民币资金时却无法顺畅进入人民币外汇、信贷或资本市场，“一带一路”人民币资金难以形成有效的资金循环流通机制，必将导致沿线国家政府、企业和居民使用和持有人民币意愿不强，这是“一带一路”人民币资金融通需要应对和解决的关键问题。

三、推进人民币成为“一带一路”重要国际化货币

（一）推进香港建设全球离岸人民币业务枢纽

参考欧洲美元市场成功经验，在我国资本项目未充分开放和短期内难以充分开放的情况下，可以利用香港国际金融中心地位，大力发展香港离岸人民币市场，突破人民币资金循环融通的现实障碍，推进香港在“一带一路”人民币资金融通上发挥核心关键作用。当前，香港已经形成初具规模的离岸人民币市场，离岸人民币业务涵盖存贷款、债券、股票、保险、基金、衍生品等。我国可以把香港建设成为离岸人民币中心，作为我国金融业发展和对外开放的重大战略举措，大力支持香港离岸人民币市场，不断丰富人民币计价投资工具，提供更多离岸人民币资产的保值增值渠道，有效提升境外人民币的投融资、金融交易、保值增值等功能。一方面，香港离岸人民币市场可以为“一带一路”企业、政府、金融机构等各类主体提供离岸人民币汇兑、结算和投融资等金融服务，形成人民币资金循环流通体系；另一方面，香港作为我国拥有主权的国际金融中心，离岸人民币市场发展风险相对可控，可以把人民币国际化的相关金融与经济风险有效隔离在国境之外。

一是推动香港形成离岸人民币资金中心。通过货币互换等方式使香港离岸市场可以从中国人民银行获得直接的人民币流动性支持；鼓励香港离岸市场发展人民币同业拆借市场，并推动中国大型商业银行的海外分支机构积极参与；促进中国的银行机构在香港离岸市场开展人民币结算、人民币信贷等业务，并在可控的条件下逐步放开内地母行与香港分支机构的资金拆借，对香港离岸人民币业务提供良好流动性支持；鼓励中资企业及中资企业在“一带一路”的合作伙伴在香港开设离岸人民币资金账户，利用香港资金进出自由、便利等优势扩大人民币使用领域和范围。

二是推动香港形成有深度和广度的离岸人民币金融市场。鼓励国内外政府、企业、金融机构、多边金融组织等主体在香港发行人民币债券、股票、

衍生品和其他金融工具，这也为国内外离岸人民币持有主体提供了金融投资及保值增值渠道；鼓励发展人民币金融工具的二级市场，增强离岸人民币资产的流动性，进而提升投资者对离岸人民币资产的需求，推动境外离岸人民币市场的进一步扩大；推动香港建立人民币计价大宗商品市场，大力发展石油、煤炭、天然气、铁矿石等大宗商品交易市场，鼓励国内外机构和企业积极参与，促进人民币在第三方（如"一带一路"国家之间）贸易结算中的使用。

香港作为全球首屈一指的"自由港"和国际金融中心，其离岸人民币金融市场发展相比国内金融市场具有比较优势：首先是金融机构众多，市场化程度高，国内外主体的汇兑、融资、投资、风险管理等多方面的金融需求可以得到更好满足；其次是香港与全球金融市场联系紧密，资金资本出入便利，香港人民币金融市场的影响力可以迅速扩及"一带一路"及全球市场；最后是中国对香港拥有主权，一旦香港离岸人民币金融市场发生风险，可以通过有效手段对风险加以处置或者将风险与国内金融市场实现"隔离"，避免国内金融经济体系受到冲击。值得特别说明的是，2016 年人民币汇率稳定频繁受到香港"热钱"冲击，我国不得不动用大规模外汇储备直接干预香港离岸人民币市场，截至 2016 年底我国外汇储备相对历史高点减少了近万亿美元。究其根本原因，不在于香港离岸人民币市场发展过度，反而是因为香港离岸人民币市场发展不足，香港未能提供丰富的人民币投融资工具使实体经济需求得到良好满足，大量人民币在香港无处可用成了所谓投机汇率波动的"热钱"。未来，通过拓展香港离岸人民币金融市场的深度和广度，使香港离岸人民币金融市场与"一带一路"贸易和投资紧密结合起来。当实体经济的人民币资金需求成为支撑香港离岸人民币市场的"基本盘"后，"热钱"的冲击能量自然就衰减了，离岸人民币市场发展对国内金融经济稳定带来的"危险性"也将大大降低。

三是推动香港形成面向全球输出人民币资金资本的枢纽。推动香港在扩大离岸人民币市场规模的同时加快相关标准、规则的制定，积极引导伦敦、新加坡以及"一带一路"各个离岸市场与香港离岸人民币市场展开密切的金融合作，形成以香港为统领、全球统一、有效联通的离岸人民币市场体系，为人民币国际化和“一带一路”资金融通创造巨大市场空间。

（二）加快国内人民币汇率和利率形成机制市场化改革

我国经济增速在全球领先，拥有世界上最大的官方外汇储备规模，这就注定了按照市场化的交易标准，人民币会成为国际外汇市场上的“坚挺货币”和金融市场中的“高息货币”，对“一带一路”国家持有和使用人民币形成强大吸引力。

一是进一步推进人民币汇率市场化。扩大外汇市场规模和交易市场主体，进一步加大汇率的弹性，使我国的汇率水平能更好地反映供求情况和我国的经济发展水平。

二是加快利率市场化改革。推进金融机构提升市场化经营水平和风险定价能力，形成完全由市场参与者供求关系决定的利率决定机制，形成符合国际市场标准、满足国际投资者要求的市场化利率期限结构。

三是战略性保持人民币币值稳定。利用我国外汇储备规模优势，动用外汇储备去平抑汇率波动，实现人民币币值保持稳定，促进人民币在 SDR 及全球货币中地位的持续提升，增强人民币货币及金融资产国际持有人的信心。

四是稳妥推进国内资本项目有序开放。伴随人民币国际化水平的逐渐提高，国际市场对我国资本项目开放的要求也越来越高，但贸然完全放开资本账户也是不理智的。在策略上，我国在人民币国际化推进的过程中，可以在资本项目仍保持有效管制、不发生系统性金融风险的前提下，逐步放开与实体经济直接相关的跨境贷款、跨境直接投资等资本项目，允许个人在一定额度内自由汇出或汇入人民币等。

（三）构建“资本项输出+经常项回流”的人民币循环机制

人民币国际化不仅增加了国际市场对中国经济的信心和需求，也有利于扩大对外贸易和国际投资合作。我国可以借鉴日本“黑字还流”经验，指导企业通过资本和产业输出加快人民币输出，带动“一带一路”沿线国家使用人民币进口我国货物，构建"人民币资本项下输出+经常项下回流"的良性循环机制，形成人民币国际化与我国对外贸易和投资协同发展的良好局面。

一方面，我国要利用人民币国际化带来的多种发展便利条件，加快对外贸易优化升级，巩固提升传统出口优势，推动对外贸易向"优质优价、优进优出"转变，提升我国在国际贸易谈判中的优势地位，加快建设"贸易强国"，依托贸易规模和地位的提升，推动人民币在"一带一路"国家的广泛使用。

另一方面，积极搭建对外投资的金融、信息、政策等公共服务平台，支持我国优秀企业不断扩大在"一带一路"沿线国家的对外投资，全方位地深度融入全球产业链和价值链，加快培育国际竞争新优势，培育一批新经济和高科技产业领域全球领先的中国企业，形成推动人民币国际化的微观市场主体。

（四）大力提供面向沿线国家的减让式人民币资金支持

长期以来，国际社会在发展中国家开展的投融资合作强调减让式资金支持，包括利率、期限、宽限期等方面条件的减让，如优惠贷款即是其中一种。减让式资金支持的条件优于商业资金，不可避免地需要财政补贴和政府支持。马歇尔计划中的优惠美元贷款、日本"黑字还流"计划中的政府发展援助（ODA）预算资金均表明，对发展中国家提供减让式资金支持，可以以杠杆方式撬动更大量商业化金融资本参与进来，形成减让式资金支持和商业化资本投入协同发展、良性互动的局面。

我国可以依托亚投行、丝路基金、金砖国家新开发银行、国家开发银行等机构为沿线国家适度提供减让式人民币资金支持，在财力允许的范围内为沿线发展中国家提供更多的经济援助，通过前期政策性资金、优惠人民币贷款的投入降低私人部门的进入风险，创造和换取沿线国家庞大的商业化金融投资参与机会，为人民币在沿线国家使用争取更大市场空间。

（五）推进人民币金融服务的网络化布局

一是发展和培育具有竞争力的国际化金融机构。大力支持我国大型商业银行及其他金融机构加快进入"一带一路"国际市场，大力拓展来自海外的企业客户与个人客户，不断提高国际竞争力；与"走出去"的企业形成良好的伙伴关系，结合金融机构自身的发展特点和优势，为企业提供包括开户结算、投资融资、项目选址、政府谈判、律师顾问、验资登记等在内的一系列的全方位服务；完善风险管理体系，建立一套适合国际经营的风险管理制度。

二是支持沿线国家本土金融机构发展人民币金融业务。加快与沿线国家签订本币互换协议、建立人民币清算安排和发展人民币清算银行，完善跨境金融基础设施，积极面向沿线国家提供人民币流动性支持。支持沿线国家金融机构利用本土化优势，为参与"一带一路"经贸合作的本土企业提供人民币金融服务，支持沿线国家发展人民币债券市场和股权融资市场，不断扩大沿线国家人民币金融服务网络。

（六）大力支持第三方支付服务跨境电商

随着全球跨境电子商务迅猛发展，电商平台和中小卖家对跨境支付的需求呈现几何级数增长，跨境支付也迎来黄金发展期。第三方支付的统计数据显示，目前全球跨境电商结算业务中，40%用人民币结算，远远高于一般贸易的人民币结算水平，是人民币国际结算的优势领域和重要增长点。

伴随着沿线国家基础设施的不断完善、物流业的迅速发展以及去现金化的不断推进，未来电商业务将具有强大的市场潜力。我国可以支持支付宝、微信等具有国际竞争力的第三方支付机构在沿线国家积极布点，抢先布局沿线国家支付金融服务体系，大力开展跨境第三方支付业务，推动跨境电子商务活动中使用人民币计价结算，形成沿线国家跨境电商与人民币跨境结算协同发展的良好局面。

此外，跨境第三方支付平台的发展还可以有效服务和推动中国居民沿线国家境外游。通过国内外跨境第三方支付平台的联通，境外游中国居民可以无差别地享受与国内一样便捷的人民币支付及其他金融服务，这必将大大改善出境体验，进一步促进该地区旅游业的蓬勃发展，进而带动居民间经济文化交流。

（七）综合运用政治、外交等手段推动人民币广泛使用

美元、日元、马克国际化的经验均表明，货币国际化不仅仅是经济层面的问题，还广泛涉及政治、外交等多层面的问题。例如，马歇尔计划的美元贷款或援助就包括了建立由美国控制的对等美元基金账户、与第三国开展贸易必须以美元计价结算、废除贸易及投资壁垒、保障美国企业投资和开发的权利等一系列附加条件，正因为此美元才得以不断扩大使用领域和范围，成为在欧洲广泛使用的国际货币。

当前，我国在与"一带一路"沿线国家开展国际产能合作、互联互通基础设施建设等合作中处于主导优势地位。我国可以利用这一优势地位，积极争取沿线国家政府的支持，把人民币资金融通作为我国与"一带一路"沿线国家合作的重要前置条件，同时加强政府间在法律、税收、贸易、投资等方面的政策协调，为人民币资金融通营造透明、友好、高效的环境，不断扩大人民币在"一带一路"资金融通中的使用领域和范围。

第十章

“一带一路” 项目落地与对外援助

一、对外援助项目的现状及存在的突出问题

（一）部分基建援助项目重“建设”、轻“运营”

根据不同受援国的经济发展条件，我国积极建设有迫切需求的基础设施项目，取得巨大成效。根据《中国的对外援助（2014）》白皮书，2010—2012 年，中国对外援建了 156 个经济基础设施项目，包括公路、桥梁、机场、港口等 70 余个交通运输项目。到目前为止，中方为非洲国家援助和融资修建的铁路、公路均已超过 5000 公里。

其中，有相当一部分援外的基建项目，仍属于重前期建设、轻后期运营的“交钥匙”工程。以我国最大的援外成套项目之一，坦赞铁路为例，项目设计年运量为 200 万吨，在建成初期，对当地经济发展发挥了重要作用，但从移交之初就每况愈下。2008 年年运量最低时仅 37 万吨，近几年有所回升，目前年运量约为 64 万吨。线路基础亦损毁严重，路基也出现空洞、滑坡等情况。只重视项目前期建设，而忽视后期的基线维护、改造和运营，并没有形成本地的可持续运输能力，导致援助效用大大下降。

其中的原因主要是“一带一路”国家基建项目建设与后期运营涉及的资

金需求量巨大、周期长、不确定因素多：部分“一带一路”国家存在财政状态欠佳、偿付能力较弱，容易发生国家债务危机，导致海外建设者承建的项目无法按时收到工程款，对资金周转和项目工期造成较大影响，大大降低了企业参与项目后期运营的热情与动力。同时，建筑工程企业是海外基建项目的承接主体，运营管理人才匮乏，基建后期运营能力非常有限。

（二）项目主要集中在基建类，园区建设和工业项目落地较少

当前我国援外的项目多集中在医院、学校、交通等民用公共基础设施方面，工业类及成套园区建设项目涉及相对较少。依据《中国的对外援助（2014）》白皮书，2010—2012 年，援外最大组成部分是基础设施优惠贷款项目，占援助项目总数的 89%，而工业类援助项目仅占 2. 6%。2000—2015 年中国对非贷款总额达到 944 亿美元，主要集中在基础设施建设领域，其中交通设施项目贷款额占 32%，电力项目占 24%，采矿项目占 10%，通信项目占 7%，社会服务、供水、政府项目合计占 13%。

虽然近些年我国境外园区在数量上迅速增加，截至 2017 年底已超过 100 家，但成功的园区建设案例并不多见，主要原因有以下两个方面：一是我国境外园区项目主要由擅长基建或建筑工程类企业负责开发，而非专业的园区运营商，公司本身专业园区建设及运营能力有限。二是很多海外园区承建者容易把园区的建设视为快速获取利润的土地和房产开发或基建的“延伸”类项目，导致一些园区建设缺乏详细的调查、科学的规划与论证，部分项目投资回报低、效益不高，并不能为企业发展提供适应当地的产业发展条件，进而造成资源浪费，甚至在还没形成有序的工业生产之前，整个园区就已经被荒废。

（三）缺少与生产能力转移相配套的系统性安排

缺少与生产能力转移相配套的系统性安排，主要体现在专业人才安排、项目监管机制、承担本地社会责任机制三个方面。

一是缺少熟悉境外投资项目的专业人才的安排。跨国投资项目需要精通语

言、法律、财务、经济、技术等方面的专业人才，但在我国“走出去”的企业当中，大部分都缺乏这类专业人才。以高铁为例，掌握语言、法律、技术等方面的人才缺失极大阻碍了项目的谈判和落地，加上标准研究经费投入不足、人力管理欠佳、激励保障制度缺乏等问题，导致一些海外高铁项目无法推动。

二是缺少对海外投资项目的系统性监管。这主要体现在对建设期间成本控制、资金管理和对外派人员的管理工作等方面。缺少系统的安排，导致企业海外投资项目风险增大，影响企业效益，也间接对项目的实施与产业能力在本地的落实带来阻力。

三是缺少针对本地社会责任方面的沟通渠道建设。由于能源、矿产、基础建设等社会影响较大、污染较重的行业容易受到当地非政府组织和民众的反抗，我国出海企业往往因为缺少有效的沟通渠道，导致项目被搁置。

（四）较少雇佣当地工人、缺少培训与职业教育

在“一带一路”沿线的受援国涉及铁路、港口、桥梁、电厂等建设项目，主要依然是以“中国工程公司”+“中国工人”形式“走出去”为主。这些中国的建筑工程公司宁可带着自己的工人队伍远赴海外，也不愿意雇佣当地劳工。原因有以下三个方面：

一是当地劳工本身缺乏技能，不能达到工程的技术要求，导致中国工程公司更倾向于从国内带来技术工人，满足工程建设的需要。

二是由于存在语言障碍、文化和制度差异，同时投资海外的中国工程公司也没有长期扎根的心理准备等因素，导致缺少对当地饮食风俗、宗教文化，和包括当地劳动法在内的相关法律了解与研究的动力。因此，一旦发生没有根据当地劳务法律雇佣或开除员工而带来不必要的法律纠纷等情况，便更让中国工程公司有理由相信雇佣本地人“比较麻烦”。

三是一些中国工程公司政治意识不够，认为“走出去”只是企业自身的商业行为，而没有充分认识到所有这些“商业行为”极有可能演变为政治问题。例如，在印度的援助项目中雇佣大量的“中国工人”，会在本来失业率较高的印度社会中产生负面的社会影响，对“一带一路”对外援助项目的推进

与落地极其不利。

（五）缺乏援助项目的内部协调

对外援助制度与内部协调依然存在问题，这都可能影响项目的落地以及援外的战略效益。

一是援外基本法缺位，制约援外制度完善。我国目前还没有出台综合性的对外援助法，只有规章意义上的对外援助规范性文件，这导致援外制度体系化不强，各类规章杂乱，援外制度之间无法相互衔接。虽然为配合“一带一路”倡议的开展，理顺对外援助制度体系，2014 年商务部出台了《对外援助管理办法（试行）》，但部门规章在效力层级、效力范围及立法技术等方面存在的问题导致援外制度无法得到有效供给。由商务部起草的《对外援助管理办法（试行）》仅适用于商务部门的对外援助工作，并不包含其他部门协作实施援外工作的制度规范，也不存在约束其他部门完善援外相关制度的效力。同时，以部门规章为主体的援外制度效力层级比较低，致使援外活动的战略重要性无法得到重视，使援外实效大打折扣。

二是对外援助金融支持不足与资金渠道单一。具体体现在融资门槛高、成本高、模式单一、企业歧视和汇率风险高。例如，中泰铁路前后谈判多次，合作备忘录也已经签署，但目前仍然因为中方提供的贷款利率太高而无法进一步推进。

三是对外援助项目标准不统一。具体体现在技术规划与标准不一致，对接难。我国与“一带一路”沿线国家在很多技术和标准方面，都没有达成互认。这不仅增加了成本，而且降低了效率。在具有比较优势的基础设施工程、国际产能和装备制造领域，我国标准、技术资质仍得不到国际认可，给项目带来巨大障碍。

四是大援助管理体系尚未形成。2018 年第十三届全国人民代表大会上组建国家国际发展合作署，标志着新时代对外援助的顶层构建与统筹规划机构将迈出新步伐，但在对外战略政策研究、援外数据的有序公开与共享等方面，依然有较大差距。履行援外职能的部门职权界限划分不够明确，容易产生执行机构多部门化、职能交叉重叠、对外援助随意性较大等问题，甚至在当地出现恶性竞争的情况，这不仅损坏我国对外援助的形象，也给国家形象带来重大损失。

五是对外援助合作机构单一。近年来，中国不断加大对联合国和世界银行等多边和地区性机构的援助，但是中国对外援助主要还是基于具有外交关系的双边协议，几乎没有针对国际民间组织和受援国民间组织的援助。国际发展多边机构特别是民间组织在全球治理，尤其是在发展中国家发展和国际舆论的营造方面都有着重要的影响力。

六是缺乏援外绩效评价机制的实体和程序规则。通过加强援外项目的管理与考核，能有效防止国家资源的浪费，进一步提升中国的“软实力”与话语权。但是，国内关于对外援助工作绩效评价的研究刚刚起步，实践中关于援外活动的绩效评价也不够深入和公开，在援外绩效评价机制的实体和程序规则方面基本是空白。

二、借鉴国际经验，走中国“互惠式工业化”外援模式之路

（一）发达国家对外援助的“三种模式”及经验教训

以西方发达国家为主导的国际发展援助模式有多种，大体上可以归结为三类，即“干预式”对外援助模式、“福利式”对外援助模式与“雁阵式工业化”对外援助模式。前两种模式（即干预式和福利式）都没能有效地促进发展中国家的工业化，后一种模式（即雁阵式）以日本为主导，虽然在有限的范围带动了若干东亚国家和地区的工业化，但总体而言，并没有改变发展中国家工业化始终落后于发达国家的格局。发达国家对外援助的这些经验教训值得我们总结。

1. 发达国家“干预式”对外援助模式

传统殖民主义时期，西方国家的“干预式”对外援助是为“资源掠夺”服务的。在英国殖民统治印度时期，英国为印度带来西方先进的社会文明与

科技教育，并通过立法手段摧毁了印度手工业，打破其农业的自给自足性质，原始的农村公社逐渐瓦解。同时通过帮助印度进行铁路等交通运输设施建设，为英国全面掠夺印度资源提供便利。英国对印度粗暴的"干预式"对外援助模式在一定程度上清除了长期束缚印度生产力发展的严重障碍，带动了印度当地农工业的发展，为印度从农业大国转变为工业大国创造了潜在物质条件，但先进的工业生产技术却被英国殖民者所控制，印度仍旧被限制为重要的廉价原材料与劳动力供应地以服务英国殖民扩张，印度的社会经济与工业发展状况无法得到根本改变。

世界殖民体系瓦解后，发达国家对外援助的主要目的已经从殖民时期的"资源掠夺"转向"隐性殖民"。特别是"二战"后，发达国家"干预式"援助模式常常附带着各类政治经济条件，通过垄断国际市场原料需求和工业品供应，对发展中国家进行控制、干涉和掠夺，严重损害了发展中国家保护与自主发展经济的能力，工业化进程受阻，经济发展水平难以提升。

其"干预式"对外援助的形式和内容都发生了变化，主要有三点：一是通过以改变制度为主的国际发展援助移植西方政治社会制度，为受援国经济发展提供保障。20 世纪 70 年代末，受"新自由主义"的影响，"良政""民主"等价值判断因素成为选择受援国的重要标准。发达国家力图按照西方资本主义发展的模板，通过附加各种政治社会改革条件的对外援助改变受援国国内的政治生态，从而帮助受援国实现经济发展。但该做法忽略了不同国家的政治、历史和社会文化特点，造成受援国在全面引入西方民主形式后出现了不同程度的"水土不服"，对受援国的治理能力也造成破坏（如引起内战、独裁、腐败等）。二是通过"附加经济条件"的援助计划，从受援国获取"隐形经济特权"。例如，20 世纪 80 年代，拉美债务危机爆发，以美国为首的西方国家认为，发展中国家落后主要是国内市场机制发育不足和宏观管理的不善所致，所以力图推动发展中国家实施"经济结构调整计划"。但该计划所要求的放松政府管制和削弱政府开支进一步弱化了发展中国家的经济主权，损害了原本投入不足的公共服务及基础设施建设。再如，将发展援助与购买援助国产品结合起来的"附加经济条件"援助计划，通过垄断国际市场原料需求和工业品供给，不断扩大工业制成品和农、矿产品价格“剪刀差”，对受援国进行不等价交换的剥削，使受援国的剩余价值大量流向发达国家，造成受援国的长期贫困与经济低迷，工业化进程受阻。三是在对外援助中要求市场开放，并通过市场化改革为发达国家提供原料和制成品，无助于推动发展中国家自主性的工业化发展。例如，在 20 世纪 90 年代以前，棉纺织业作为肯尼亚的支柱产业，同时作为劳动密集型产业，解决了庞大的就业问题。但肯尼亚在接受发达国家援助过程中，被迫接受向以美国为首的欧美国家开放国内棉花市场、实现产业自由化、降低关税等附加条件。同时美国为了照顾国内大农场主的利益，增加了对其棉农的巨额补贴并扩张其国内棉花生产，导致肯尼亚棉花产业的萎缩，从而减少了对肯尼亚纺织品和服装生产商的供应。另外，肯尼亚的新自由主义改革提高了电力和其他原料的成本，使纺织生产企业更难以生产出低廉的有竞争力的产品，给肯尼亚造成远超过其所接受援助的巨大损失。

2. 发达国家“福利式”对外援助模式

自 20 世纪 70 年代起，发达国家对外援助开始强调“福利服务”，援助重点逐步从经济基础设施和生产部门领域转向社会基础服务领域，旨在为发展中国家经济社会的日常运转提供基础性支持。“二战”后，传统援助国为发展中国家援助建设了大量基础设施，并提供大量相关贷款，但随着发展中国家债务危机的爆发和全球经济萧条给发展中国家带来严重的经济与融资问题，发达国家逐渐放弃对“硬件”（基础设施建设）的投入，转而重视“软件”建设。“基本需要论”开始成为发达国家重要的援助理念，援助领域由原来投资在电力、交通与通信等基础建设，转移至商业法规、人力资源、教育、健康等非物质性的社会基础服务。随着发达国家对外援助在 20 世纪 80 年代转向社会领域，基础条件较差的发展中国家自身又无法吸引足够的私人投资来提升基建水平，其工业化进程不得不暂时告终。

世纪之交，发达国家将“福利式”援助的重点倾向消除贫困与提高教育水平等领域，以期解决日益严峻的全球发展不平衡问题。为配合联合国于 2000 年设立的旨在减贫的千年发展目标（MDGs），发达国家加大了对社会基础设施的援助投入。同时由于“9・11”恐怖袭击事件的发生，以美国为首的发达国家认为恐怖主义的社会根源在于贫穷与不平等，进而将保障本国在海外经济与安全等利益与推动发展中国家减贫相联系，维和、教育、卫生保障等社会基础服务援助在发达国家 ODA 中的份额持续增加，而经济和生产领域的发展则未受到足够重视（见图 10-1）。

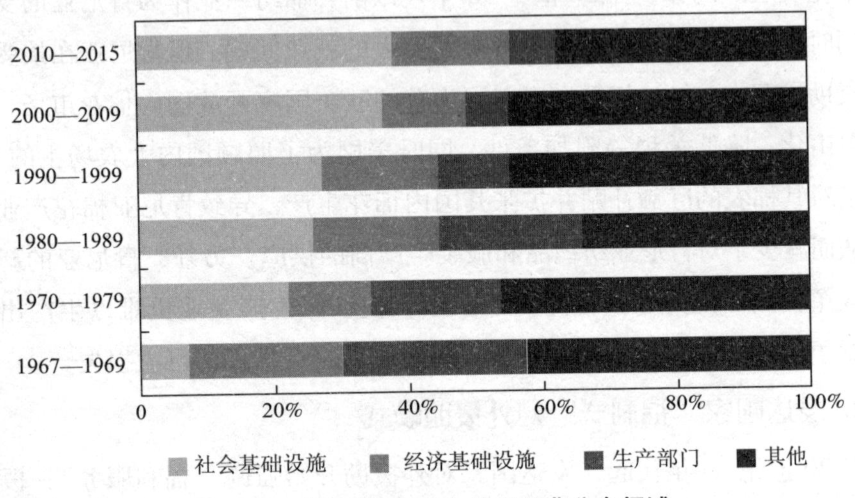

图 10-1　发达国家 ODA 援助经费分布领域

数据来源：OECD 官网统计，2017 年。

发达国家的“福利式”援助模式虽然在短时间内能缓解发展中国家基本生活保障问题，但对其生产和发展并无直接推动作用，且容易使发展中国家形成对援助的依赖。“福利式”援助一方面给发展中国家“输血”，但同时却极大地破坏着它经济“造血”的功能。落后的基础设施和工农业水平一直是阻碍发展中国家发展的瓶颈，而在这些方面，发达国家却重视不够。根据发展援助委员会（DAC）的统计，撒哈拉以南非洲国家自独立以来便成为发达国家援助的重点对象，但其工业产值仅占全球的 0.7%，大部分非洲国家制造业占国内生产总值的比例不到 15%。以英国对尼日利亚的援助为例，尼国石油资源丰富，但各类生产性基础设施破败，且石油开采技术落后，只能长期依靠跨国石油公司进行勘探开发。虽然英国自 2011 年以来为尼国提供了约 10 亿英镑的援助资金，但主要用于减贫、医疗、环保、教育等方面，甚至帮助尼国发展航天产业，却未将援助重点放在更新尼国生产性基础设施与培育尼国自主性工业发展能力，反而助长了尼国政府对英国援助的长期依赖，至今仍有超过一半的尼国民众生活在贫困线以下。同时，基于保护本国石油开采公司在尼国的商业利益，如壳牌等英国石油公司还垄断了尼国石油开采、加工等核心技术，导致尼国工业化进程受阻，至今仍面临“出口石油，进口汽油”的困境。

3. 日本“雁阵式工业化”对外援助模式

20世纪60~80年代，日本政府通过对外援助与对外投资、贸易发展相结合的“三位一体”方式推动国内产业实现梯度转移，以“雁阵式工业化”对外援助模式推动了“亚洲四小龙”与东南亚各国的工业化进程（见表10-1）。经济高速发展的日本自20世纪60年代起面临产业转型压力，如日本重化工业的发展使其对资源需求的压力进一步加大；同时，受世界石油危机的冲击和日元汇率升值压力，日本选择了一条升级本国产业结构的“雁阵模式”道路。

自20世纪60年代起，日本大力发展外向型经济。在借鉴国外的先进技术，重点发展附加价值高的技术与知识密集型产业的同时，日本利用企业主导的海外直接投资绑定官方对外援助，将属于产业链上游的、在国内不具备优势的生产环节转移至当时缺少资金和技术的“亚洲四小龙”。而当“亚洲四小龙”在外资推动下完成工业化，并在劳动力、土地成本上涨的情况下，又将失去比较优势的产业转移到处于工业化初期的东盟国家与中国内地，推动了后者的工业化发展进程。在该过程中，日本向海外转移制造业生产能力、提供成套设备、援建生产性基础设施项目、日元贷款等做法，迎合了东亚各国实施进口替代工业的需要，帮助其建立起各种门类的消费工业体系，促进了东亚各国产业结构优化与工业化进程。

表10-1　东亚主要国家、地区工业化率变化（1960—1985）

国家或地区	1960	1965	1970	1975	1980	1985
韩国	10.9%	18.1%	25.4%	35.1%	43.0%	45.6%
中国台湾	24.9%	28.6%	34.7%	39.2%	45.0%	44.8%
中国香港	—	—	37.3%	34.5%	32.1%	29.4%
新加坡	18.3%	23.9%	30.4%	34.3%	40.1%	38.5%

续表

国家或地区	1960	1965	1970	1975	1980	1985
印尼	14.4%	11.9%	19.9%	33.9%	50.0%	35.9%
马来西亚	19.2%	25.7%	25.4%	26.9%	35.7%	36.7%
菲律宾	—	23.6%	29.7%	28.9%	36.8%	32.7%
泰国	15.9%	19.7%	25.3%	24.3%	28.5%	29.8%

数据来源：日本贸易振兴会官网。

自20世纪90年代起，由于日本在“雁阵式工业化”对外援助过程中一直实行技术垄断，始终把东南亚作为日本的原料供应基地，而在东亚直接投资中也采取标准化或落后技术的转让，导致日本国内产业结构调整的滞后，日本国内产业与东亚之间的竞争日益加剧。虽然日本仍保持在高新技术方面的竞争优势，但随着区域间梯度产业转移的弱化，内部梯度结构遭到破坏，以日本领衔的“雁阵式工业化”援助模式也面临着危机和挑战。

日本“雁阵式工业化”对外援助模式，以“动态”产业梯度转移为特征，在20世纪60~80年代符合了东亚各国家和地区主导产业升级规律，即从劳动密集型轻工业起步，向资本密集型重工业产业转变，再到技术密集型高新工业，对接了各地区不同发展阶段的产业需求，极大地深化了区域内国际分工。同时，日本通过帮助海外产业转移承接地修建生产性基础设施项目，也推动了东亚区域工业化进程与经济发展。但该援助模式的弊端在于日本为了保持在东亚与东南亚的控制地位，在产业转移过程中一直采取技术垄断等方式，导致其产业结构一直处于封闭型与自我完善型，没能与周边国家建立起一个“双赢”的、合理的国际分工体系，并实现经济发展的良性循环。

从发达国家援外历史经验中可以看出，以上三种对外援助模式作为发达国家资本主义工业文化单向扩张的工具，并逐渐演变为帮助发展中国家的主要工具，具有明显的“自利性”。“二战”后，尽管发达国家的援助理念和实践经历了多次调整，但由于受制于发达国家特定的发展历程、价值观理念与自身的战略取向，发达国家的部分援助政策与做法并不符合受援国的国情与发展规律，因而直接影响了援助效果。

发达国家“干预式”与“福利式”对外援助模式为发展中国家带来西方先进的科技、教育及工业产品，在一定程度上为发展中国家实现工业化发展带来了物质文明基础，但后期却逐渐转变为单方面向发展中国家输出以改变制度、加强能力建设、提高人力资源和制度供给水平为主的“干预性福利型”产品，不符合现阶段发展中国家亟须推进工业化进程的迫切需求，也造成发展中国家对西方援助产生制度性依赖。破败的基础设施建设与落后的工业生产技术使发展中国家的工业化失去后续支撑与发展载体，也失去了“造血”功能与自主性工业化发展能力。另外，发达国家“雁阵式工业化”援助模式虽然实现了日本对外援助战略与受援国发展需求的对接，推动了“亚洲四小龙”与东南亚各国的工业化进程，但该援助模式却成为日本实现技术垄断，维持其对东亚与东南亚各国产业优势的“自利性”工具，始终没能与周边国家建立起一个互惠的、合理的国际分工体系。

新时代中国对外援助应借鉴发达国家对外援助模式的经验与教训，不宜多讲“模式输出”，不走发达国家“干预式”援助的老路，要致力于为世界提供“不附加政治条件”“互惠性”且具有“发展属性”的全球公共产品，使对外援助真正成为构建“命运共同体”的战略支撑。由于“一带一路”沿线国家之间发展水平差距较大，总体上仍处于工业化进程中，中国应强调基础设施改善与工业化对提升发展中国家自主性发展能力的重要作用，将自身在前一个发展阶段经过试验的工业化建设经验进行平行转移，与发展中国家的地方性体系进行适应，在互动中共同探索中国发展经验的再生产和地方化。这既是契合发展中国家工业化的需求，也是扩大与深化“南南合作”的重要途径。总之，中国对外援助要彰显新特征，将“互惠式工业化”作为一个重要的援助模式和主题来落实。

（二）“互惠式工业化”外援模式应是中国对外援助的重大特征

在推动“一带一路”倡议过程中，充分发挥中国对外援助的独特优势，把中国的工业化与受援国的工业化结合起来，互惠互利，共同发展，切实帮助受援国提高自主性工业发展能力，“互惠式工业化”外援模式应是中国对外援助的重大特征。

1. 新时代中国对外援助有别于历史上的各种模式

中国的对外援助在不同时期因国际背景和国内形势的发展变化，具有不同的形式和特点，所负担的使命与对国家战略的支撑作用也不尽相同。近些年，中国对外援助的形式日益多样化，以"不附加任何政治条件""互惠性援助"为主的援助方式与特征更加突出。

党的十八大以来，在"构建人类命运共同体"总目标指导下，中国通过"一带一路"建设，扩大了对外援助规模，重视"硬援助"输出，同时推动国内优势产业与富余产能链条式"走出去"，将国内的经济开发区模式引入发展中国家和新兴市场国家，引导相关产业集中入驻，旨在帮助这些国家提高经济发展水平，缩小同发达国家之间的差距。新时代下，对外援助坚持不附加政治条件、互惠性，且具有发展属性，对外援助主要包括以下几个方面：

第一，不附加任何政治条件，以互惠性援助为主。中国作为新兴的援助大国，与西方援助国的明显区别在于坚持"不附加任何政治条件"的原则。建立在"南南合作"框架下的中国对外援助必定需要恪守"南南合作"的相关准则，其基本准则的核心是尊重受援国主权和独立，不附加任何政治及条件，促进双方共同发展。因此，"南南合作"中的平等互惠特性并不仅仅停留在宣传的层面，而是由基于双方现实需求的决策机制决定的，根植于"南南合作"的核心。

第二，主要依托国家政府的主导力量，对发展中国家援助为主。亚非发展中国家大多经历过西方殖民剥削的屈辱历史，与中国面临相似或相同的发展任务，是中国在国际舞台上的天然盟友和政治依托。依靠广大发展中国家盟友，是中国践行特色大国外交的独特优势；亚非国家是中国实现产业升级和经济结构转型的重要倚重对象，强化同新兴市场国家的经济合作，将有利于中国实现产业结构升级。同时，大多数在"一带一路"沿线国家投资的企业都是中国的国有企业，投资项目主要是基础设施建设、能源建设，也包括产能合作和园区合作，这类"硬基础设施"项目对融资渠道、工程技术提出了更高的要求。但经济落后的东道国很难从金融机构获得贷款，也缺少强大的技术保障，实力雄厚的国有企业将确保援外基础设施工程的顺利推进；同时，依托国家力量的国有企业较为重视整个产业链的长远效益，致力于改善援建项目沿线地区的教育、医疗、供水、供电、通信、道路等方面基础设施建设水平，而不只是单个项目，更有利于推动产业链"走出去"和协同式发展。所以，未来由政府主导或者政府多边主导的基础设施的投资，将继续成为"一带一路"援外项目的主流。

第三，以"硬援助"为主，且具有发展属性。自 21 世纪开始，特别是中国倡导"一带一路"以来，中国对外援助工作一直非常重视硬基础设施的建设。"要想富先修路"，是典型的中国经济增长经验。例如，中非发展合作自 1990 年以来则一直将重点放在"硬"基础设施的建设上。2012 年中非建立基础设施建设伙伴关系。2014 年李克强总理提出与非洲合作推动"三网一化"计划（建设非洲高速铁路、高速公路和区域航空"三大网络"及基础设施工业化）。2015 年习近平主席提出了中非基础设施合作计划，提出同非洲在基础设施规划、建设等方面加强合作。大量的中国基建资金和力量极大地改善了整个非洲的基建水平，带动了周边的一系列经济活动，为推进当地实现工业化打下坚实的基础。所以，通过支持发展中国家进行基础设施建设以推动其工业化进程，是中国对外援助区别于西方发展援助的一个重要特点。

2. 我国对外援助的战略重点是"互惠式工业化"

在当前全球化的国际背景下，对外援助是我国构建"命运共同体"的重要战略支撑。中国"不干预对外援助"的战略重点，应是"互惠式工业化"援助道路，即以"一带一路"为纽带，在我国进一步推进工业化、建设制造业强国的同时，帮助发展中国家实现工业化，形成自身经济发展的能力，走出长期以来"输出原材料、进口制成品，严重依赖发达国家"的"边缘地位"。这种"互惠式工业化"进程，也可以将我国经济与受援国经济结为一体，形成有机统一的大市场，对我国的外交战略形成强有力的支撑。

第一，提升外援在国家的外交战略定位：构建"命运共同体"的战略工具。改革开放以来，对外援助在服务我国外交战略的同时，也一直服务于国内经济发展的需要。然而在全球化不断加深的背景下，中国自身利益已经无法与其他国家的利益彻底隔绝开，援助在客观上也无法独立于国家的利益。自利性的"为我所用"援助战略并不符合中国在世界的定位。"构建人类命运共同体"在客观上需要呈现超过国家利益的具体实践，按照正确义利观构建的对外援助将有可能发挥独特作用并较少地引发争议。

新时代下，中国对外援助需要一个清晰的战略定位，让其真正成为构建"命运共同体"的战略工具。在国家整体国际战略的统筹协调下，将对外援助与战略外交有机衔接，与商业性对外经济工作适当剥离，将中国定位于全球公共产品提供者，就具有很强的正当性。通过对外援助强化中国在国际舞台上"义"的形象，并建立强大的国际道义现象平衡国际舆论。这样也可以有效促进中国在国际上"利"的空间拓展，形成以"义"促"利"，"以利相兼"的对外新格局。

第二，定位外援的主要任务：围绕"一带一路"为核心的全球公共产品的生产和供给。"构建人类命运共同体"是中国为全球提供公共产品的主要目标，"一带一路"倡议是"建构人类命运共同体"的具体方案。"一带一路"提出五年多来，我国为世界提供了基础设施联通、资金融通、贸易畅通等方面的援助项目。有效参与这类全球公共产品的生产与提供作为新的对外援助体系的中心任务将会使新的对外援助体系的使命更加明确，将会促进中国在国际上更积极地、有效地参与全球治理，积极主动地呈现中国作为一个大国的责任，也会促进营造有利于中国整体发展的国际环境。

第三，吸取西方援外的经验与教训，坚持走"互惠式工业化"援助之路。主要体现在两个方面：一是援助内容符合受援国客观发展的规律。基于国内工业化发展经验与优势，中国提供的以基础设施、园区建设、产能合作、加工组装业、经营管理、引进外资企业、培养当地人才等内容为主的"工业化"援助，恰好符合受援国的客观发展规律，重点解决现阶段受援国的工业系统薄弱、基础设施落后、人才队伍不健全等问题。二是援助方式具有发展学习的属性。以"互惠式"为主的合作性援助，具有很强的发展学习的属性。过去几十年中国坚持的是不附加任何政治条件的援助，且以基建、园区、产能合作等为主的援助项目与援助内容更具有发展型的特点；虽然这种方式并不一定能彻底解决受援国的问题，但能促进它们产生发展的自我责任感，并提供试错的机会，进而积极主动地进行发展性学习，逐渐形成工业与经济发展的能力。因此，该援助方式是对现有西方外援模式的一种补充，甚至具有替代性，也具有一定的稀缺性。

三、促进对外援助项目落地的对策

（一）加强海外基建项目建设与运营一体化模式的探索

一是加强金融支持与服务，完善各类金融机构向对外援助项目倾斜支持的体系与机制。除“丝路”基金外，将亚投行、金砖国家新开发银行、国家开发银行、中国农业发展银行、中国进出口银行等金融平台的资金向对外援助项目倾斜，鼓励商业银行参与到援外项目建设中来，并将政府的资金与民间投资基金结合在一起，给民间投资资金优先权，动员大量的民间资金进入基础设施建设，以政府和社会资本合作（PPP）的方式或者通过投资债券的方式提供资金。同时，为海外基建与运营公司提供信贷支持、信息咨询、贸易金融、资金业务等一揽子金融服务方案，进一步提升服务力度与质量，带动企业拓展产业链业务，培育企业提供技术转移、人员培训等后期运营与维护服务的“援助后服务”能力。

二是加强海外基建项目建设与运营一体化模式的探索。海外基建项目建设实现建营一体化能够提升项目运营管理水平，有效解决境外项目长期稳定运营问题。建议成立“境外建营一体化联盟”，将援外项目的规划设计、建设、设备供应商、运营企业、融资机构联合起来，实现优势互补、强强联合，发挥各自优势，强化中国海外基建项目运维的核心竞争力。同时，建立完整的安全生产责任体系与管理运营人才的培养激励机制，实现本土化运营的长远目标。

（二）鼓励在境外合作区中引入“合格园区管理者”，推动境外产业园区升级发展

境外园区目前存在许多问题，但缺乏专业园区管理机制是一个关键。造

成园区运营失败的原因，关键是内部因素，即缺乏专业园区管理机制，造成规划设计不当、功能缺失、管理不善、短期行为等问题，无法实现企业的有效集聚和当地产业的发展。针对以上所分析的各种问题，改变目前境外产业园区建设所面临困境的一个"关节点"，就是对我国境外园区开发经验进行总结，打造全方位、多元化的境外园区可持续发展模式，通过园区建设加大工业项目落地，实现多方的共赢。

一是科学规划并建设境外园区。明确海外园区建设的重要意义，"一带一路"沿线国家的境外园区（包括产业园区、经贸合作区、经济特区等）是我国帮助促进受援国逐步实现工业化的重要载体，也是我国"一带一路"倡议、对外援助战略区别于西方国家"修路运资源"、只顾自己利益不顾当地发展的附带政治等条件的"干预式援助"的根本所在，是中国对外援助项目"互惠式工业化"模式的重要抓手；根据园区"全生命周期理论"，充分考虑园区的"投资、建设、运营和管理"四个阶段的全部活动，制定相应的法规与规划，并对园区的选址进行科学论证，尽量在城市拓展方向上选址，靠近城区和交通枢纽，既减少外接基础设施的投入，又降低了产业运营的成本。并在园区组建之初，就从土地一级开发、基础设施投资与运营、产业投资等角度，充分考虑并构建包括土地一级开发、基础设施运营、物业开发、产业投资、园区增值服务、园区结算服务等全方位境外园区盈利模式。

二是组建境外"合格园区管理者"，让专业团队从一开始就全面介入，直到实现园区的有效运营，形成工业发展能力的搭载平台。缺乏园区管理机制是境外园区不能够承载产业能力转移的一个关键。建议引入"合格园区管理者"，让国内具有丰富园区运转经验的企业牵头、带动由金融机构、智库机构、行业协会、海外投资服务中介等组成的"园区管理联盟"，成为"一带一路"沿线受援国园区的运营主体。具体来说，要选择国内实力较强、园区运作经验丰富的企业（管委会）牵头，联合金融机构、智库机构、行业协会、海外投资服务中介等共同组建境外产业园区综合投资开发运营的"园区管理联盟"，并作为"一带一路"沿线国家产业园区的开发主体。该园区管理联盟要从一开始就对政府间高层协议提出建议并参与政府间谈判，将园区选址、规划建设、运营管理、招商引资、项目融资等有关事项统筹规划、业务整合；从一开始就要树立"以运营为主体，建设为运营服务"的指导原则，结合东道国的国情特点引入适宜、高效、特色的商业模式，率先打造一批成功园区范例。同时，支持这类企业联盟用国际化视野运作产业园区，包括组建国际化的高端管理团队、构建全球性的招商引资平台、推出适宜园区内各国企业特点的"管家式"服务等，最大限度地减少入园企业的投资风险。此外，有关部门应配合这类企业做好赴外员工培训工作，提高员工综合素质。有一个专业的园区管理团队的积极介入和谏言献策，能为政府间有效协作、减少所在国的政策风险起到积极的作用。这一做法也是有实践范例的。当年新加坡就是派出了专业的园区管理团队来参与苏州工业园区的建设与管理。而我国在中埃苏伊士经贸合作区的建设中也做了一定的初步探索，天津开发区总公司从前期的规划编制、招商引资、管理服务等建设运营管理经验输出到后期的联合开发过程中，均移植了天津泰达的"专业园区管理运营"理念，实现了我国园区管理"软实力"输出，保证了园区建设与运营的相对成功。

（三）增强与生产能力转移相配套的系统性安排

一是完善信息共享与沟通机制，为企业提供信息来源。建议国家国际发展合作署建立"一带一路"投资项目信息平台，完善信息共享机制，整合金融机构、政府、行业协会、企业、本地非政府组织、中介服务机构等信息资源，及时发布"一带一路"沿线国家有关投资环境、产业发展和政策、市场需求、项目合作等信息，为"走出去"企业提供全方位的综合信息支持与服务。

二是继续加大境外投资项目的专业人才体系建设，如在人才流动、人才素质、人才价值、人才使用等方面，形成符合国际惯例、具有参与援助项目工作能力的国际专业人才资源开发模式，营造有利于人才发展的工作环境和人居环境，培育有利于人才发展的良好氛围，使国际专业化人才用得上、留得住、干事有舞台、发展有空间。同时，鼓励加强人才激励与保障机制建设，强化与境外高校、科研和培训机构的合作，利用国际人才开发优质平台，在全球范围吸引各类人才资源，并将提高企业人才国际化素质作为推进人才国际化的长久之计。

三是完善系统性监管，降低企业负担与风险。进一步明确"事前管理有区别、事中事后全覆盖"的境外投资项目的总体监管思路，敏感类项目事前管理更严格、清晰透明，其余项目管理更宽松，强调事中事后监管。进一步简化核准和备案的流程，严格把控成本，执行材料采购流程等内控工作，增强资金管理，降低财产流失，增强对海外工作人员健康、安全等方面的管理。既压缩经办人员的自由裁量权，又不会给企业带来额外负担和不确定性。

（四）加大力度实施本土化战略，增加东道国的就业机会，增进东道国人民福祉

从发达国家对外投资的经验来看，实施本土化战略是减少贸易冲突、提高投资成功率的一个关键措施。本土化战略是指企业在对外投资过程中，其生产要素主要依赖东道国的资源来运营，包括人力、生产材料、资金、管理等方面。实施本土化战略，为当地创造大量就业机会，由就业带动交通、商品服务、住房、饮食等各个环节的发展，社会效益非常明显。特别是一些资源类项目，中国企业一般具有国企背景，加上也不注意企业社会责任的建设，很容易被当成资源的掠夺者。这个时候，就特别要注意融入当地。招聘当地员工，这些员工最了解当地市场情况、风俗习惯、竞争对手等情况；购买当地原材料或其他商品服务，带动相关产业的发展；在当地融资，降低风险的同时也让当地投资者加入项目之中，加深双方的理解；聘用当地管理团队，真正实现项目的本土化运营管理。本土化的宗旨是要让东道国的政府与居民认识到，中方企业是去搞开发的，是为当地经济做贡献去的。

在"走出去"发展历程中，实现跨越式发展，要充分发挥当地人才优势，有效进行员工属地化管理。稳妥推进海外员工属地化，不仅要求中国企业主动融入东道国社会环境，结合东道国实际情况制定相应的人员管理措施，还需要在遵守东道国法律法规的基础上，建立对当地雇员的录用、培养、管理和退出机制，并不断改进和完善，形成良性循环。具体可采取如下措施：第

一，与东道国企业或院校合作，拓宽员工招聘渠道。第二，注重沟通和融合，提高东道国员工对企业的忠诚度。第三，加强教育和培训，提高东道国员工的岗位技能素质。第四，注重对东道国本地管理人员的培养和队伍建设。

另外，本土化还特别重视充分利用一些创新性资源，对当地整个经济的促进作用是非常大的。例如，在印度的班加罗尔，大量的科技人才、科研机构、VC、科技园区吸引了众多国际公司到此投资，既有效利用了这些当地资源，又为公司创造了巨大的利润。本土化也有利于公司在当地建立品牌、降低风险。众多案例表明，当一个国家发生市场或者政治动荡时，那些当地员工比例更高的外国企业，往往能更快地适应这种变化，加上政府考虑到本国员工，也会更多关注这种企业的稳定。从发达国家的发展历史看，本土化是企业成功“走出去”的重要战略之一。

最后，要更多雇佣当地工人，加强其系统性培训与职业教育。推动海外中国工程公司以“实习生”和“师徒制”的方式培训与雇佣当地劳工，主要有以下三点：一是将培训当地实习生的费用纳入海外中国工程公司工程预算，制订长期、系统的当地员工培训计划，通过提供实习、“学徒制”（一名中方员工带 2~5 名本地员工）等有效规范的培训手段，帮助当地员工或实习生获得职业技能并较好地融入企业，使公司在当地的业务和当地员工的培训一同成长。二是系统组织当地劳工到周边国家参加以中国工程项目为主导的系统性培训。在有些国家我国的项目还在筹备当中，这时，中国公司可以组织东道国劳工到周边国家参加以中国项目为主导参与的实习性项目，为东道国培训工人。三是政府可以根据海外中国工程公司雇佣当地员工的具体情况，试行不同层次的补贴或减税等优惠政策，有效引导海外工程项目积极培训与雇佣当地劳工。

案例 两个成功实施本土化的发达国家企业

发达国家的企业里面，成功"走出去"、实施本土化战略的案例很多。举两个例子，一个是荷兰皇家壳牌石油公司（下文简称壳牌公司）(Shell)，另一个是美国摩托罗拉公司（Motorola)。壳牌公司自1958年开始出口石油到尼日利亚，后来公司逐步在尼日利亚设立分公司并建立工厂，开发当地石油和天然气。壳牌公司将勘探、开采、冶炼技术带到尼日利亚，招聘并培训当地技术人员，吸纳管理团队。最后，壳牌尼日利亚分公司实现了高度本土化生产和管理，产品不仅满足尼日利亚的石油天然气需求，还出口到整个中西非地区。美国摩托罗拉公司1987年进入中国市场，开始销售移动电话、对讲机和其他无线通信设备。后来美国摩托罗拉公司发现了中国的制造业优势，于1992年在天津建立了工厂，开始本土化生产。美国摩托罗拉公司天津工厂招聘的工人绝大多数是中国人，而且聘用、培养中国经理人，在北京成立摩托罗拉企业大学，面向员工、合作伙伴、供应商、经销商、政府官员、客户提供各种培训，开展宣讲会，深入了解中国市场、文化和企业管理规则，在一开始就定位成"彻底的中国公司"(out-and-out Chinese Company)。在这种战略的指引下，美国摩托罗拉公司一度是在中国投资的最大外国公司之一，受到中国政府的多次表扬和中国人民的赞赏。

（五）增强项目的内部协调机制

援助体系自身存在的问题与不足，极大地影响援外项目的落地和实施，影响援外的战略支撑效果。为此，我们提出以下四个方面的建议：

一是进行新的援助管理设置，加强发展大援助体制和管理。虽然国家国际发展合作署援外职能已经从外交部和商务部剥离出来，但是应继续加大与国务院其他相关部门的协作，做好援外工作的统一规划与部署实施。同时应加强国家国际发展合作署的统计监测工作，有选择性地对国家国际发展合作署内部管理者、参与研究的智库等研究机构和关心援外工作和国家财政支出的民众，分级别、分情况、有选择地共享和发布数据，增强政府机构对援外工作的掌握，加深公众对援外工作的理解、支持与信心。另外，建议国家国际发展合作署内部设立专门机构，加强关于国务院宏观政策和外交方略、受援国和潜在受援国的国别和地区、发达国家及新兴国家援外政策的研究。

二是加大对联合国等多边机构，国别政府和民间的多元化援助格局。建议加大对于国际组织及受援国民间组织的援助力度。长期以来，随着来自西方的国际和民间组织的援助资金总量呈现减少的趋势，及西方“干预式”援助模式不断受到质疑，中国的发展经验越来越受到重视，这形成有利于中国外援发挥作用的空间。其中，加大对“一带一路”沿线国家民间组织的支持，对于落实、加大支持中国的民间组织“走出去”，打造中国特色的民间援助新模式，积极配合官方援助，形成一致对外、统一协调的大援外格局，具有重要意义。同时，建议设立支持国际民间组织、发展中国家民间组织和中国国内民间组织的专项基金。

三是制定援外基本法，并逐步完善援外制度。中国需要通过制定援外基本法，并逐步完善援外制度，从而理顺当前援外管理体系中存在的问题。首先，出台援外基本法，以法律的形式将对外援助的战略决策、执行机构及职能分配、提案、审批程序及援助总额与国内生产总值或财政收入的比例等内容予以规定，使对外援助具体制度实现有法可依、有理可循、有标准可执行，从而提升对外援助的制度能力。其次，理顺管理体系，助力援外从半集中管理走向集中管理。建议通过法律形式来确定对外援助活动的最高议事与协调机构，制定对外援助战略，作出对外援助决策；同时，要明确授权援外活动的具体执行机构，使职能部门之间分工明确、合作流畅，实现制度协同效应，有效推动“一带一路”的实施。

四是继续细化对援外工作的整体绩效评价体系建设。援助资金的扩大并不意味着援助效果的提升，援助实效才是对外援助的核心与灵魂。援助实效一般通过绩效评价来衡量，而绩效评价则依赖于对外援助评价机制的建立。从发达国家的情况来看，各国都十分注重援外活动的效果评估，并通过独立的专家评审团进行评估或者设立专门的援外评估机构进行评估。按照财政部2015年5月发布的《中央部门预算绩效目标管理办法》，今后应当按照援外预算时设定的绩效目标组织预算执行，并设立相应的绩效指标体系，根据绩效目标与绩效指标体系开展绩效自评与绩效评价工作。商务部2015年8月发布《关于修改部分规章和规范性文件的决定》，已经对援外项目的绩效评价做了规定，但尚未提及对援外工作的整体绩效进行细化的评价，国别援助的绩效评价问题也未在官方文件中公布，我国援外绩效评价机制仍需要向前推进。

（六）加强顶层设计，加快建立大援助体系，鼓励企业实现集群式投资，抱团“走出去”

我国企业在“走出去”过程中存在许多问题，但企业内部恶性无序竞争是一个关键性问题。国内企业在海外市场进行恶性竞争，一方面抬高了交易对象的价格，另一方面损害了中国企业的形象。在“一带一路”项目落地实施过程中，散兵游勇、各自为政的中国企业在国际上失败的教训很多，也很惨痛。很多中国企业“走出去”，不是采取抱团的形式，而是各自为战，企业之间缺乏沟通与合作，把国内竞争的做法引入对外投资，在海外进行互相竞争。一些同行业的企业互相压价，甚至不惜牺牲利润，把精力大多放在了如何成功拿下项目上，这显然不利于中国企业在境外市场盈利能力的提高和品牌形象的树立。最终，很多外企往往利用我国企业之间互相残杀的内部竞争从中得利。

针对以上所分析的各种问题，目前我国“走出去”企业间的内部竞争所面临困境的一个“关节点”，就是要实现集群式、抱团“走出去”，中小企业集群式投资有利于通过差异化生产和经营联盟，有利于抑制海外恶性竞争，避免企业内部无序竞争。如果没有形成集群，仅仅少数企业，分散面对境外市场，很容易相互发生恶性价格竞争。形成集群后，企业经过多年的交往和共同损益的制约，更能通过协调和灵活的策略细分市场，实行差异化生产。即不同企业定位在每一个细分市场上，充分利用自身的优势和异质产品，满足不同层次、不同需求的消费者，从而得到溢价报酬，增加产品附加值。即使是高度同质产品，也容易相互达成价格协议或竞争默契。为避免中国企业在“走出去”过程中产生内部恶性竞争，我们提出以下四个方面的建议：

一是构建大援助体系。建议国家国际发展合作署要从部门合作、统计监测、政策研究等角度，加强整体统筹、规划及安排协调国家对外援助的工作的能力；并加大对国际组织和国际及受援国民间组织的援助力度，支持中国民间组织走出去，打造具有中国特色的民间援助新模式，积极配合官方援助，形成一致对外、统一协调的大援外格局。制定并出台援外基本法，让对外援助从政策建议走向具有强制执行力的法律法规，使对外援助实现有法可依、有理可循，有标准可执行，从而提升落实对外援助的制度能力，并通过法律明确授权援外活动的具体执行机构，使职能部门之间分工明确，合作流畅，实现制度协同效应，有效推动对外援助的实施。同时，应建立对外援助评价机制，通过对援助实效的合理客观评估，提升对外援助的最终实践效果。

二是加强顶层设计，引导国内企业抱团出海、集群式“走出去”。采取有针对性的措施引导、支持企业强强联手、优势互补，抱团出海、形成合力。现在这方面实际上已经有一些比较有效的做法：例如，中国企业在境外投资建设的一批境外经贸合作区，由一家或几家企业牵头建区，形成主导产业后再带动国内上下游或关联产业共同“走出去”，就是典型的大企业带动小企业抱团出海的范例。又如，中国有关企业在境外承揽的一些铁路项目，设计、监理、施工建设以及所需车辆、钢轨、信号系统的供货都由不同的国内公司承包，则有利于发挥中国企业整体上的优势。

三是进一步加强综合监管，充分发挥行业组织的自律作用，规范企业境外经营行为，避免企业间的无序竞争。结合国有企业改革，出台相关扶持政策。在完全竞争市场，鼓励在同一产业内，按照市场规律，引导国企和民企之间在国内通过技术优势开展横向和纵向并购重组，增加国内外资源额协同点，打造全产业链的中国跨国企业。另外，“走出去”企业多为民营企业，应更多考虑从市场层面来推动解决相关问题。从我国民营企业集群式"走出去"实践看，包括政府、企业联盟、龙头企业、行业协会商会、金融机构都是民营企业集群式"走出去"可以整合的重要促进力量。

四是积极搭建企业集群式国际化发展平台，加强信息平台的建设，提高境外投资集中度，帮助企业之间产生互补协同效应，便利产业链上下游企业发掘商机，增强集群竞争力和市场话语权。鼓励企业以"抱团"方式集体"走出去"，中小型企业依托大企业推动产业链"走出去"。

（七）加强金融支持与服务，完善各类金融机构向"一带一路"项目倾斜支持的体系与机制

要解决企业融资难的问题，首先，除丝路基金外，应该将亚投行、金砖国家新开发银行、国家开发银行、中国农业开发银行、中国进出口银行等金融平台的资金向"一带一路"项目倾斜，并鼓励商业银行参与到"一带一路"建设当中来，对民营企业给予资金支持。其次，与"一带一路"沿线国家建立类似于"容克投资计划"（欧洲战略投资基金）的专项投资基金，扩大基金的成员范围，邀请全球资金加入"一带一路"专项投资基金，通过国际合作，共同建设"一带一路"，而不是采取"独唱"的形式，防止陷入孤掌难鸣的境地。最后，将对外援助与"一带一路"建设结合起来，把部分对外援助的资金用于"一带一路"建设项目，扩大援助的经济效应。

具体的金融支持体系和机制总结见表 10-2。

表 10-2　金融支持"一带一路"项目的体系与机制

涉及机构	措施
中国人民银行	更多地签订人民币互换协议，并加快推动协议的实施
中国进出口银行	进一步扩大"两优"贷款的规模，放宽融资条件，特别是取消主权担保的要求。对于项目经济效益好、商业担保措施完善的项目，"两优"贷款也应该给予积极支持
中国出口信用保险公司	在风险保障范围、产品创新、保险期限、赔偿比例等方面为"一带一路"项目提供更大的支持力度，推进外保内贷、内保外贷，充分发挥政策性金融工具的作用

续表

涉及机构	措施
丝路基金	丝路基金与商业银行合作，采取共同贷款等方式，合理降低贷款利率
国家开发银行等政策性银行	加快海外服务网点布局
商业银行	国家通过外汇储备委托贷款等方式，向商业银行提供低成本资金，并限制银行的利率、管理费、承诺费等费率水平，专门支持企业参与"一带一路"建设项目

（八）加强信息平台建设，全面整合政府、商协会、企业、金融机构、中介服务机构等信息资源，及时发布"一带一路"沿线国家各种信息，防范各种风险

信息不充分、不对称是很多"一带一路"项目受损甚至失败的原因。完善信息共享制度，指导相关机构建立公共信息平台，全面整合政府、商协会、企业、金融机构、中介服务机构等信息资源，及时发布"一带一路"沿线国家有关投资环境、产业发展和政策、市场需求、项目合作等信息，为企业"走出去"提供全方位的综合信息支持与服务，防范各种风险。建议商务部加大力度建立"一带一路"投资项目信息平台，公开透明地发布研究报告与有关信息，同时要重点建设一批境外信息服务中介机构，如金融、法律、商务、技术、人力资源等方面的中介服务机构，让我国企业在外投资过程中有充分的信息来源。从发达国家发展经验来看，企业在外投资，一定是充分掌握了当地国家或地区的各种信息，评估了项目本身的各项指标，才会做出决定。但目前我国绝大多数企业在获取信息方面的渠道不多，本身也缺乏对信息重要性的认识。

"一带一路"中的境外项目涉及政治、经济、社会、环境等多项要素。应对重点国别的政治、经济、社会、安全环境进行研究和评估，并及时发布非经营性风险预警提示，建立突发事件的预防和处理方案，为"走出去"企业合法权益及人员安全提供保障。

部分参考文献

专著与报告

［1］王义桅.“一带一路”：机遇与挑战［M］. 北京：人民出版社，2015.

［2］王义桅. 世界是通的：“一带一路”的逻辑［M］. 北京：商务印书馆，2016.

［3］“一带一路”课题组. 建设“一带一路”的战略机遇与安全环境评估［M］. 北京：中央文献出版社，2016.

［4］樊纲，郭万达，冯月秋，张国平，刘志杰.“互惠式工业化”外援模式应是中国对外援助的重要特征［R］. 2018（内部报告）.

［5］樊纲，余凌曲，刘国宏. 利用香港国际金融中心独特优势，大力推进“一带一路”人民币资金融通［R］. 2018（内部报告）.

［6］樊纲，郭万达，张国平. 推动中国工程公司更多以“实习生”+“师徒制”的形式培训与雇佣当地劳工，促进“一带一路”项目落地［R］. 2018（内部报告）.

［7］樊纲，郭万达，郑宇劼，等.“一带一路”项目落地面临三个层面的问题及其对策［R］. 2017（内部报告）.

［8］郭万达，郑宇劼，陆晓丽，等. 中国开放报告（2016—2017）——“一带一路”推动中国对外开放新格局［M］. 北京：中国经济出版社，2018.

［9］葛剑雄，等. 改变世界经济地理的“一带一路”［M］. 上海：上海交通大学出版社，2015.

［10］财新传媒编辑部.“一带一路”引领中国［M］. 北京：中国文史出版社，2015.

[11] 韩银安. 地缘经济学与中国地缘经济战略 [M]. 北京：世界知识出版社，2011.

[12] [德] Peter Wolff. 欧洲对“一带一路”倡议的看法 [R]. 德国发展研究院，2018（内部报告）.

期刊与论文

[1] 白云真. “一带一路”倡议与中国对外援助转型 [J]. 世界经济与政治，2015（11）.

[2] 陈耀. “一带一路”战略的核心内涵与推进思路 [J]. 中国发展观察，2015（01）.

[3] 董红，林慧慧. “一带一路”战略下我国对外贸易格局变化及贸易摩擦防范 [J]. 中国流通经济，2015（05）.

[4] 方旖旎. “一带一路”战略下中国企业对海外直接投资国的风险评估 [J]. 现代经济探讨，2016（01）.

[5] 付晓东. 从区域经济学视角看“一带一路”方略——兼论五大支撑平台的建立和完善 [J]. 中国流通经济，2015（12）.

[6] 高飞. 中国特色大国外交视角下的“一带一路” [J]. 经济科学，2015（03）.

[7] 高程. 从中国经济外交转型的视角看“一带一路”的战略性 [J]. 国际观察，2015（04）.

[8] 胡海峰，武鹏. 亚投行金融助力“一带一路”：战略关系、挑战与策略选择 [J]. 人文杂志，2016（01）.

[9] 黄孟芳，卢山冰，余淑秀. 以“欧亚经济联盟”为标志的独联体经济一体化发展及对“一带一路”建设的启示 [J]. 人文杂志，2015（01）.

[10] 黄益平. 中国经济外交新战略下的“一带一路” [J]. 国际经济评论，2015（01）.

[11] 蒋姮. “一带一路”地缘政治风险的评估与管理 [J]. 国际贸易，2015（08）.

［12］李婧．"一带一路"背景下中国对俄投资促进战略研究［J］．国际贸易，2015（08）．

［13］金玲．"一带一路"：中国的马歇尔计划？［J］．国际问题研究，2015（01）．

［14］李丹，崔日明．"一带一路"战略与全球经贸格局重构［J］．经济学家，2015（08）．

［15］卢锋．为什么是中国？——"一带一路"的经济逻辑［J］．国际经济评论，2015（03）．

［16］林乐芬，王少楠．"一带一路"建设与人民币国际化［J］．世界经济与政治，2015（11）．

［17］林乐芬，王少楠．"一带一路"进程中人民币国际化影响因素的实证分析［J］．国际金融研究，2016（02）．

［18］刘翔峰．"一带一路"战略下的中哈经贸合作［J］．国际贸易，2015（11）．

［19］刘方平．"一带一路"视角下的中国援外战略调整［J］．国际经济合作，2015（09）．

［20］刘洪铎，李文宇，陈和．文化交融如何影响中国与"一带一路"沿线国家的双边贸易往来——基于1995—2013年微观贸易数据的实证检验［J］．国际贸易问题，2016（02）．

［21］马胜春，黄基鑫．"一带一路"战略与中国区域经济发展——2015中国区域经济学会年会观点综述［J］．中国工业经济，2015（11）．

［22］孟辽阔．"一带一路"视野下的巴基斯坦战略地位及其实现路径探析［J］．世界经济与政治论坛，2015（04）．

［23］孟祺．基于"一带一路"的制造业全球价值链构建［J］．财经科学，2016（02）．

［24］潜旭明．"一带一路"战略的支点：中国与中东能源合作［J］．阿拉伯世界研究，2014（03）．

［25］申现杰，肖金成．国际区域经济合作新形势与我国"一带一路"合

作战略［J］．宏观经济研究，2014（11）．

［26］沈铭辉．构建包容性国际经济治理体系——从 TPP 到“一带一路”［J］．东北亚论坛，2016（02）．

［27］盛毅，余海燕，岳朝敏．关于“一带一路”战略内涵、特性及战略重点综述［J］．经济体制改革，2015（01）．

［28］宋双双．在“一带一路”战略下扩大对外农业合作［J］．国际经济合作，2014（09）．

［29］宋国友．“一带一路”战略构想与中国经济外交新发展［J］．国际观察，2015（04）．

［30］谭晶荣，王丝丝，陈生杰．“一带一路”背景下中国与中亚五国主要农产品贸易潜力研究［J］．商业经济与管理，2016（01）．

［31］王瑞华，邴颂东．推动技术规范“走出去”　引领电力企业扬帆出海［J］．中国电力企业管理，2017（13）．

［32］王海燕．“一带一路”视域下中亚国家经济社会发展形势探究［J］．新疆师范大学学报（哲学社会科学版），2015（05）．

［33］文瑞．“一带一路”战略背景下的中欧经贸合作［J］．国际经济合作，2015（05）．

［34］夏先良．构筑“一带一路”国际产能合作体制机制与政策体系［J］．国际贸易，2015（11）．

［35］谢泗薪，侯蒙．“一带一路”战略架构下基于国际竞争力的物流发展模式创新［J］．中国流通经济，2015（08）．

［36］邢晓玉，郝索．基于“一带一路”新型科技产业园区模式构建与选择研究［J］．科学管理研究，2015（05）．

［37］闫衍．“一带一路”的金融合作［J］．中国金融，2015（05）．

［38］杨晨曦．“一带一路”区域能源合作中的大国因素及应对策略!［J］．新视野，2014（04）．

［39］于翠萍，王美昌．中国与“一带一路”国家的经济互动关系——基于 GDP 溢出效应视角的实证分析［J］．亚太经济，2015（06）．

[40] 张纪凤，宣昌勇．“一带一路”战略下我国对东盟直接投资“升级版”研究［J］．现代经济探讨，2015（12）．

[41] 杨立卓，刘雪娇，余稳策．“一带一路”背景下我国与中亚国家贸易互补性研究［J］．上海经济研究，2015（11）．

[42] 郑志来．“一带一路”战略与区域经济融合发展路径研究［J］．现代经济探讨，2015（07）．

[43] 张骥，陈志敏．“一带一路”倡议的中欧对接：双层欧盟的视角［J］．世界经济与政治，2015（11）．

[44] 张芸，杨光，杨阳．“一带一路”战略：加强中国与中亚农业合作的契机［J］．国际经济合作，2015（01）．

[45] 张灼华，陈芃．中国香港：成为“一带一路”版图中的持续亮点［J］．国际经济评论，2015（02）．

后　记

本书是在中国（深圳）综合开发研究院参与的中东欧、西欧、非洲、南亚、中亚、中东、东南亚及太平洋岛国等“一带一路”沿线区域和国家在能源、基础设施建设及产业园区等项目咨询和规划研究的基础上，融合了樊纲院长、郭万达常务副院长及中国（深圳）综合开发研究院博士后团队在"一带一路"建设方面多年沉淀的相关研究成果，历经数次讨论与修改完成。

本书成稿过程中，得到了院里各位同事的尽心帮助。樊纲院长、郭万达常务副院长对本书的研究主题、研究提纲、创新点和整体结构提出了具体的指导意见和修改建议；郑宇劼、冯月秋、刘国宏、余凌曲、刘志杰、聂鲸郦、谢来风、王倩、黄睿、张庆麟等同事在本书的编制过程中主动参与了编写任务，多次参与研讨会，对本书的框架结构、逻辑主线、立意点、核心观点、创新点和研究角度等的形成与确定，都贡献了宝贵的智慧和辛勤的汗水。在此，我们向所有参与编制工作的人员表达崇高的敬意和衷心的感谢，并向在百忙之中抽时间对本书进行审阅、评议的各位编辑老师表示万分的感谢。

中国（深圳）综合开发研究院

2019 年 5 月